《老子》解义

李　新◎著

九州出版社
JIUZHOUPRESS

图书在版编目（CIP）数据

《老子》解义 / 李新著 . -- 北京：九州出版社，
2024. 8. -- ISBN 978-7-5225-3348-3

Ⅰ. B223. 15

中国国家版本馆 CIP 数据核字第 20249UU557 号

《老子》解义

作　　者　李　新著
责任编辑　习　欣
出版发行　九州出版社
地　　址　北京市西城区阜外大街甲 35 号（100037）
发行电话　（010）68992190/3/5/6
网　　址　www.jiuzhoupress.com
印　　刷　唐山才智印刷有限公司
开　　本　710 毫米×1000 毫米　16 开
印　　张　14
字　　数　194 千字
版　　次　2025 年 1 月第 1 版
印　　次　2025 年 1 月第 1 次印刷
书　　号　ISBN 978-7-5225-3348-3
定　　价　68.00 元

前　言

　　《老子》又称《道德经》，其作者是春秋末期的老子。老子姓李名耳，字聃。是周王室的守藏史。春秋时期是一个礼崩乐坏、周王室的皇权旁落、诸侯国内乱不断、大国争霸此起彼伏、人们饱受动乱之苦的时期。因此社会上忧国忧民的仁人志士纷纷提出治理方案，其中最有代表性的人物是孔子和老子。

　　孔子熟知周朝的礼制，他认为社会动乱的根本原因，是王侯们（领导人）抛弃了周礼，所以才出现臣弑君、弟弑兄、周王室受辱的情况。因此只要王侯们做到克己复礼，即严格遵守周朝的礼制，社会就可实现"君君、臣臣、父父、子子"的安定局面。因此孔子采取周游列国及办学的方法，推广自己的观点，并且为此奋斗了一生。

　　老子否定了孔子的观点。老子认为时代变了，原来的周礼已经不再适用，他认为用周礼解决社会动乱，则是愚人的想法（见第三十八章）。所以他提出社会动乱不是因为缺少礼，而是王侯们执政无道、上下忠信不足的结果。因此他著书五千言，为王侯们提出了解决社会动乱的方案，对王侯们治国理政提出忠告。这即老子著书的真正目的，也是《老子》全书的核心。本书从这里切入，以更深层的思考解读《老子》，使拨开《老子》一书的迷雾成为可能。这也正是本书与同类作品不同的根本原因。

　　本书《老子》原文共分八十一章，其中各章的内容均由以下五个部分组成：一、原文部分。原文以三国时魏人王弼的注本为蓝本，在此基础上按照以义定词的方法根据释文的需要，对其个别处以帛书《老子》为准，做了重新校订（已在书中注明）。二、译文部分。译文是对原文的字面含义做出了解释，使读者对原文有一个初步的了解。三、解义部分。解义是对译文做了深度的解读，主要明确了每章中的行为主体、行为发生的背景、原因和将来的结果，以及行为之间的相互关系等，使读者对原文有更深层的了解。四、终述部分。最终的论述是对各章原文所讲述内容的总结，并做了进一步的说明。让读者能够更轻松、准确地掌握各章重点。五、标题部分。原文中并没有标题，此部分是根据解义中的主要内容最终确定的。其目的是让读者通过标题就能大致了解各章的内容，同时也可了解各章内容与《老子》一书主题之间的相互关系。

　　本书从形式到内容可让读者从一个全新的视角，系统、准确地理解《老子》一书所讲的内容。同时也可重新认识《老子》一书的现实价值和它的历史价值。

目　录
CONTENTS

第一章

论道与有无

【原文】

道可道，非常道；名可名，非常名。无，名万物之始；有，名万物之母。

【注释】

道：㈠事物的变化规律。由于《老子》八十一章讲的均是对王侯（君臣）的忠告（见后记），本书将"道"定义为：领导人的成功规律，即领导人的成功之道。㈡说，讲。

常：恒久不变。

名：名字，命名。

万物：各种事物，指领导人的各种事业。第一个"万物"王弼本为"天地"，按帛书本校为"万物"。

始：始祖，最早出现的。

母：指万物出生之源。

【译文】

可说清楚的道，不是恒久不变的道。可直接命名的名，不是恒久不变的名。无，是对万物始祖的命名；有，是对万物源头的命名。

【解义】

可以说清楚的领导人成功之道，并不是恒久不变的道。由于事物的内在因素，或外在条件的变化，都将导致成功之道发生变化。所以领导人的成功之道，也就不可能保持恒久不变。它随着事物内在因素和外在条件的变化而改变，所以根本没有恒久不变的成功之道。

可以命名的道之名，并不是恒久不变的道之名。由于没有恒久不变的成功之道，所以也就没有恒久不变的道之名。这是因为道不变，则名不变；道若变，则名亦变。

事业是领导人为了实现自己的欲望，所开展的有计划、有组织的活动。所以没有领导人就没有事业，有了领导人才有了事业。因此领导人就是所有事业的始祖，领导人的欲望则是所有事业产生的根源。"无"可以说是领导人没有欲望、事业尚未出现的状态，是对事业出现之前其原始状态（万物之始）的命名。"有"可以说是领导人有了欲望、事业开始出现的状态，是对事业出现之后、其产生之源（万物之母）的命名。

【原文】

故常无欲，以观其妙；常有欲，以观其徼。此两者同出而异名，同谓之玄。玄之又玄，众妙之门。

【注释】

欲：欲望，私欲。

妙：细微至极。指看不见的东西。

徼（jiào）：边界。指看得见的东西。

谓：为。

之：无实义。

玄：深奥又奇妙。简称奥妙。

又：两种情况同时存在。

门：房间的出入口。指途径。

【译文】

因此常以无欲，考察"看不见"的东西；常以有欲，考察"看得见"的东西。"看不见"和"看得见"同出一个事物，而名字则不相同，却同为奥妙。"看不见"（妙）的奥妙和"看得见"（徼）的奥妙是解开一切奥妙的途径。

【解义】

因此人们常以领导人没有产生（无）欲望之前，作为问题的切入点，系统考察自己"看不见"的东西，即事业产生的原因，以及事业内在的运动规律。人们又常以领导人产生（有）欲望之后，作为问题的切入点，系统考察自己"看得见"的东西，即事业外在的运动过程，以及最终出现的结果。由此可知"看不见"的东西和"看得见"的东西，同出自一个事物。一个说的是事业产生的原因和其内在的运动规律，另一个说的是事业外在的运动过程和结果。所以用"看不见"和"看得见"区分它们。它们都很深奥和奇妙。深奥是因为人们不能轻易地掌握它；奇妙是因为它的结果通常让人们感到很神奇。另外需要注意的是，"看不见"的奥妙和"看得见"的奥妙是解开一切事业成功奥妙的主要途径。

【终述】

每一位领导人都希望能够掌握事业成功的规律，以最有效的方式获得成功，但是世界上没有恒久不变的成功之道。领导人在学习、运用成功之道时，要防止出现照搬照抄、机械套用和只相信经验、不知变化的情况。要根据事物的内在因素和外在条件的变化，加以修正或取舍。

在学道、用道的过程中，了解领导人的欲望，则可了解事业产生的原因。知道了事业产生的原因，也就知道了领导人最终想要的结果。若要实现这一结果，领导人就要制定具体方案，严格管控事业产生的原因。当事业产生的原因被有效控制之后，事业也就能成功了（见第二十五章）。这即是事业成功的奥妙所在。

第二章

论天下治理

【原文】

天下皆知美之为美，斯恶已。皆知善之为善，斯不善已。故有无相生，难易相成，长短相刑，高下相盈，音声相和，前后相随。

【注释】

斯：则。

已：语气词。

成：变成，转化。

刑：害，妨碍。王弼本为"较"，按帛书本校为"刑"。

高：在上方。

下：在低处。

盈：盈缩，增减。王弼本为"倾"，按帛书本校为"盈"。

和：相应。相互呼应。

【译文】

天下都知道什么是美而为美时，则恶已经盛行了。天下都知道什么是善而为善时，则不善已经盛行了。因此有与无的相互生成，难与易的相互转化，长与短的相互妨碍，高与下的相互增减，音与声的相互呼应，前与后的相互跟随。

【解义】

天下之人都知道什么是美，而领导人又在努力为了实现美而治理天下时，说明此时天下之恶已经随处可见了，并且严重影响人们的正常生

4

活了。天下之人都知道什么是善，而领导人又在努力为了实现善而治理天下时，说明天下的不善已经盛行了，并且严重影响社会安宁了。

由此可以引申：美与恶，善与不善的相互转化，与领导人如何治理有关。所以领导人采用不同的方法治理天下，可导致下述两种不同情况相互转化：对君有益与无益的相互生成；为君前行困难与容易的相互转化；为君治理长处与短处的相互制约；君与臣的名利相互增减；君之音与臣之声的相互呼应；君与臣前后的相互跟随。

【原文】

是以圣人处无为之事，行不言之教。万物作焉而不辞，生而不有，为而不恃，功成而弗居。夫唯弗居，是以不去。

【注释】

圣人：古时帝王尊称。可以指领导人。本书将圣人定义为"有智慧的领导人"，以区别普通的领导人。

处：做，实施。

万物：意指为君的各种治理。

作：兴起。

焉：语气助词。无词义。

辞：言辞。指命令。

生：生利。

恃：倚仗。

居：居功。不居：指不将功绩占为已有。

夫：语气词。

去：失去。

【译文】

所以圣人做无为之事，实行不言之教。治理兴起而不用命令，生利之后不去占有，治理不倚仗权势，有功绩不占为已有。只有不占为已有，所以才不会失去。

【解义】

为了让事物向有利于自身事业发展的方向转化，所以有智慧的领导人在治理天下时，首先要做无为之事，即让有心机做坏事的人，不敢有所作为（见下一章）。如果做坏事的人不敢有所作为，也就没有治理不好的事情了。其次要以身作则，行不言之教，即以正言、正行影响自己的下属，让下属的言行不脱离正道。如果下属的言行不脱离正道，治理也就有成效了。所以当做坏事的人不敢有所作为、下属的言行又不脱离正道时，为君开展治理工作，也就不用下达强行治理的命令了。

另外为君还应做到：在获得利益时，不将其全部占为己有，能与大家分享。在管理团队时，不倚仗权势，霸凌自己的部下。有了功绩能公平分配给下属，不占为己有。只有不占为己有，为君才不会失去下属对自己的信任和支持，才不会失去未来更多的成功机会。

【终述】

领导人在治理天下时，需要注意下述问题：对自己有益与无益的相互生成；自己前行困难与容易的相互转化；自己治理的长处与短处的相互制约；自己与下属之间名利的相互增减；自己发出的音与下属发出的声，两者之间的相互配合；自己与下属的相互跟随等。这些现象在治理天下的过程中，都是可以相互转化的。它们既可以向有利于领导人的方向转化，也可以向不利于领导人的方向转化。关键在于领导人在治理天下时，人们是从中受益还是受到了伤害。因此有智慧的领导人在治理天下时，十分关注人们的得失，做无为之事、行不言之教，以实现治理能够顺利成功。这即是领导人治理天下，能够获得成功的奥秘。

第三章

论治理无为

【原文】

不尚贤，使民不争。不贵难得之货，使民不为盗。不见可欲，使民心不乱。

【注释】

尚：推崇。

贤：贤人，指德才兼备的贤能之人。

贵：高价收购，以……为贵。

乱：惑乱，迷乱。

【译文】

不推崇贤能之人，可使人们不互相争夺。不高价收购难得之货，可使人们不偷盗。不见诱发人们欲望之事，可使人们的内心不迷乱。

【解义】

社会不大肆宣传、推崇贤能之人，就不会引起无德之人的名分之争，也就不会出现职场上的不正之风。社会不以高价收购难得的货物，就不会引起无德之人偷盗难得之货。社会没有诱发人们私欲的现象，人们的内心将会保持平静，也就不会出现迷乱情况。

【原文】

是以圣人之治：虚其心，实其腹，弱其志，强其骨。常使民无知无欲，使夫智者不敢为也。为无为，则无不治。

【注释】

虚：使空虚。

虚其心：意指无争名夺利的想法。

志：志向。指欲望。

智：计谋，心机。

为：如果。

为无为：如果无为。

无为：治理无为，指让有心机做坏事的人不敢有所作为。

【译文】

所以圣人治理天下时，使人们内心空虚，吃饱饭，失去欲望，身体强壮。常使人们处于不知争、没有欲望的状态，让有心机做坏事之人不敢有所作为。如果坏人不敢有所作为，也就没有治理不好的事了。

【解义】

所以有智慧的领导人在治理天下时，首先让人们内心空虚，无非分之想，并且让人们衣食无忧。其次消除诱发人们私欲的社会现象，使人们不断减少私欲，并且让人们无疾病困扰、健康强壮。当人们长期处于不争名利、没有私欲、衣食无忧、健康强壮的情况下，有心机做坏事的人也就失去了做坏事的机会，不敢有所作为了。这样的治理称"无为"。治理如果能让做坏事的人不敢有所作为，也就没有治理不好的事情了。因为所有治理不好的事情，都是做坏事的人利用治理的漏洞，或者是人们的欲望从中作祟的结果。

【终述】

在社会或团队中，如果出现不良行为，必有其出现的原因。领导人在治理的过程中，如果仅仅是就事治事、处理当事人，是治"标"，而未治"本"，并不能彻底消除不良行为。只有彻底消除产生不良行为的原因，才能达到彻底消除不良行为的效果。例如，在职场中人们争名夺利，是社会推崇名利的结果；人们偷盗难得之货，是社会高价收购的结果；人们的内心出现迷乱，是社会诱发人们私欲的现象盛行的结果。因此，领导人在治理的过程中，若能治"本"，即对源头治理，才能彻底解决问题。治本则是"无为"。无为是彻底根除不良行为的治理。治标则是"有为"。有为是不能根除不良行为的治理。若行"无为"，则无所不治。若行"有为"，则治而又生。这是领导人采用何种方法，才能取得治理成功的奥妙。

第四章

论道的特征

【原文】

道冲，而用之或不盈。渊兮，似万物之宗。挫其锐，解其纷，和其光，同其尘。

【注释】

冲：虚。

盈：盈虚。

渊：深奥。

宗：本原，根源。

纷：纷争。

和：和顺，和谐顺利。

光：光大。发展。

同：统一。

尘：世俗，一般人。指团队成员。

【译文】

道是虚空状态，而用它时它又不会盈虚。多么深奥啊！好像是万物的本原。可去掉锐气，消除纷争，和顺光大，统一世俗。

【解义】

领导人的成功之道，讲起来很抽象，它既看不见，又摸不着，好像处于虚空状态。当你用它时，它又不会因为你的使用，而出现兴盛与衰亡。它既不易掌握又非常神秘啊，它好像是一切事物变化的根源。用它可去掉领导人的锐气，又可消除团队内部的纷争；它可使领导人的团队和所从事的事业变得和谐、顺利，并能将其发展壮大；同时又可统一团队成员的思想，帮助领导人获得成功。

【原文】

湛兮，似或存。吾不知谁之子，象帝之先。

【注释】

湛：深奥。

似：似乎。

存：存在。

象：相似，好像。

帝：帝王。

【译文】

多么深奥啊！它似乎存在。我不知道它出自哪里，好像在帝王之前就已经存在了。

【解义】

领导人的成功之道既不易掌握，又非常深奥啊！面对事物变化时，人们有时能够感觉到它的存在，似乎是有。面对事物处于相对稳定、变化暂时停止时，人们又无法感觉到它的存在，似乎是无。无论似乎有，还是似乎无，道始终都在主导着领导人的事业变化。当领导人执政有道时，将获得事业成功的喜悦。当领导人失道时，将会被失败所困扰。老子说他不知道领导人的成功之道出自何处，可他却认为道好像在帝王出现之前，即国家出现之前，就已经存在了。

【终述】

领导人成功之道的特征：很神秘，看不见、摸不着、似有似无，处于一种虚空状态。另外它不会因为你的使用而出现兴盛与衰亡。

领导人成功之道的用途：它可使领导人去掉自身的锐气；它可消除

团队内部的纷争；它可使团队和谐、事业顺利，并能将其发扬光大；它可凝聚民众帮助领导人获得成功。

领导人成功之道出现的时间：老子认为在帝王出现之前，道就已经存在了。即在国家出现之前的远古时期，人们组织起来集体谋生时，道就开始出现了。

第五章

论治理之误

【原文】

天地不仁，以万物为刍狗。圣人不仁，以百姓为刍狗。

【注释】

仁：爱。

刍（chú）狗：在祭祀中，用草扎的狗。指用完就抛弃了。

圣人：帝王。指领导人。

【译文】

天地无爱，以万物为草扎的狗。帝王无爱，则以百姓为草扎的狗。

【解义】

天地没有仁爱之心时，对待万物就像祭祀中对待草扎的狗。用它时则保留它；不用时就借助自然灾害将其抛弃了。领导人没有仁爱之心时，对待百姓也像刍狗一样；在祭祀中用它时，代表自己对祖先的忠孝，同时期待获得祖先们更多的庇佑，因此对其表现的是真诚和器重。但是用完之后，就将其抛弃了。这是对领导人没有仁爱之心的真实写照。领导人若是以此法用人，事业能长久吗？

【原文】

天地之间，其尤橐籥乎！虚而不屈，动而愈出。多言数穷，不如守中。

【注释】

天：天在上象征君。见李新著《易经解义》中的乾卦。

地：地在下象征臣。见上书中的坤卦。

橐籥（tuó yuè）：风箱。

屈：聚。

言：说。意指限制人们的政令。

数：道理。

守：坚守。

中：正。

【译文】

君臣之间的事务，其多么像风箱里的风啊！空而不聚，越动越出。多颁政令道理上行不通，不如自己坚守正道。

【解义】

领导人在治理内务时，君臣之间的事务就像风箱里的风一样，不动时风箱里的风静止（如空）而不聚集。倘若一动，就会越动越多。所以限制人们的政令越多，问题就越多，并且无穷无尽。因为"上有政策，下有对策"，人们将会根据自身的需要，千方百计避开对自身不利的政令。依靠政令解决问题的最终结果：要么原来的问题表面上得到了解决，但是新的问题变得更隐蔽、更复杂了；要么原来的问题不但没有解决，反而下属采用各种方法掩盖事实真相，逃避自己将要承担的责任。因此领导人颁布的政令越多，带来的问题就越多，问题也就变得越复杂。所以治理依靠多颁政令行不通，不如领导人坚守正道；即从问题的源头入手，分析问题出现的原因，并且提出解决问题的方法，让下属自己动手解决问题。不宜简单地依靠政令，强制实现领导人的治理目标。

【终述】

领导人在治理政务时，最容易犯的两种错误：一是领导人把下属当成了自己的工具，对其没有仁爱之心。用时对其真诚、器重，用完之后将其抛弃。此种用人之法，是断送自己的未来、导致自身失败的用人之道。二是依靠政令严格限制下属的行为，以实现自己的治理目标。而事实却与此相反，政令越多，问题越多。因为人们为了避免自身受到伤害，将会千方百计地逃避责任，让问题变得更多、更复杂，使治理最终难以奏效。

解决上述问题的正确方法：首先对下属要有仁爱之心，不能用时就对其真诚、器重，用完之后就将其抛弃。其次自己要坚守正道，即对下属出现的问题，要从源头入手，帮助下属分析问题出现的原因，并且提出解决问题的方法，让下属自己动手解决问题。

第六章

论顺从于道

【原文】

谷神不死，是谓玄牝。玄牝之门，是谓天地根。绵绵若存，用之不勤。

【注释】

谷：养，生养。谷神：可以指领导人的成功之道。

牝：雌性。

根：根源。

若：顺从。

存：生存。

勤：穷尽，枯竭。

【译文】

生养之神不死，是指奥妙的雌性。雌性的生殖之门，称作天地万物出生的源头。连绵不断顺从生存，用之不会穷尽。

【解义】

领导人的成功之道永远不会消亡，意指领导人在社会组织中永远存在，就像深奥奇妙的雌性永远存在一样。领导人的自身欲望，是天下的事业诞生之因，如同雌性的生殖之门，是天下事业的出生源头。领导人的成功之道，从古至今连绵不绝，从来未曾间断过。顺从于它的领导人，事业获得了生存与发展；背离它的领导人，事业逐步走向衰败与灭亡。领导人若能保证始终顺从于道，自身的事业也将不断地走向成功，并且永无止境。

【终述】

领导人是天下所有事业的缔造者和组织者。成功之道是引领事业走向成功的指路明灯，顺之者昌，逆之者亡。领导人若想获得事业成功，其自身的言行必须顺从于成功之道，否则将一事无成。领导人若能保证自己始终顺从于成功之道，其自身的事业将会不断走向辉煌，并且永无止境。

第七章

论无私之成

【原文】

天长地久。天地所以能长且久者，以其不自生，故能长生。是以圣人后其身而身先，外其身而身存。非以其无私邪？故能成其私。

【注释】

以：原因，因为。

生：生存。

自生：自己生存。

后其身：指先人后己。

外：抛弃。

存：保存。

私：私欲。自己。

成：成事，成就事业。

【译文】

天能长地可久。天地之所以能长久，原因是它们不为自己生存，因此能够长生。所以圣人由于先人后己而走在了前面，抛弃了自身而保存了自身。不正是因为他无私，因此能成就自己吗？

【解义】

天能长存，地能久在。天地之所以能长久存在，其原因是它们不为自己生存，因此能够长久存在。所以有智慧的领导人，一心追求事业上的顺利与成功，而不是个人名利的增长。因此在名利面前总是表现出先人后己的谦让。也正是这些谦让赢得了人们的信任和尊重，从而能够带领人们顺利实现自己的执政目标。领导人若能彻底抛弃个人的名利，则能长期保证事业顺利，并能获得长久的成功。这不正是因为领导人的无私，而成就了自身的事业吗？就像天地，它们不为自己生存而能长生一样。

【终述】

自私是领导人走向失败的根源。无私是领导人走向成功的根基。自私领导人的外在表现是为了个人的名利，不惜伤害他人、伤害集体、伤害社会。这样的领导人其事业还能长久吗？无私领导人的外在表现是不求个人名利，利他人、利集体、利社会。这样的领导人其事业能不长久吗？

第八章

论不争之成

【原文】

上善若水。水善利万物而不争，处众人之所恶，故几于道。

【注释】

善：美好。意指德。上善：最好的德。

处：在。

恶：厌恶。

几：接近。

【译文】

最好的德像水一样。水德是利万物而不争，并在众人所厌恶的最低处，因此接近于道。

【解义】

领导人最好的德，就像水一样。水的品德如下：（1）无私地帮助万物成长壮大，而不求回报。（2）无私地帮助人们去掉污垢，牺牲自己成就他人。（3）不与万物争高低，始终将自己放在最低处。因此水帮助万物、成就他人、不争高低的品德，最接近于领导人的成功之道。

【原文】

居善地，心善渊，与善仁，言善信，正善治，事善能，动善时。夫唯不争，故无尤。

【注释】

居：所处的地位。

20

地：大地。天在上为尊，地在下为卑（见《易经》系辞：天尊地卑）。指谦逊。

心：人心。

渊：凝聚。

与：跟随。

仁：爱人。

正：通"政"。

事：官职。意指为官。

尤：错误，过错。

【译文】

地位之德是谦逊，人心之德是凝聚，跟随之德是爱人，讲话之德是诚信，政事之德是治理，为官之德是能力，行动之德是时机。因此只有不争，才不会有错。

【解义】

领导人在有地位的情况下：若要获得事业顺利，需要保持谦虚恭谨；若要获得事业成功，需要凝聚人心；若让下属跟随自己，需要对下属有仁爱之心；若要实现有令则行、有禁则止，需要领导人坚守诚信；若要实现执政顺利，需要对违法乱纪的行为严格治理；若要成为合格领导人，需要具有相应的能力；若要采取必要的行动，需要选择正确的时机。所有这些都不是依靠与人相争得到的，而是依靠领导人自己坚守正道、做事不出差错并最终获得了成功。因此领导人只有不与人争名夺利，才不会有相争带来的过错。

【终述】

领导人不争是指不为自己的名利而争。如果一个领导人满脑私欲，为了个人成名，不择手段贬低别人、抬高自己。为了个人利益疯狂敛财，不惜损害他人、单位、社会的利益。这样的领导人，怎么能够长久呢？其事业怎么能够获得最终的成功呢？

　　领导人若争，应为他人、单位、社会争得荣誉。这样才能赢得他人、单位、社会对自己的信任和支持，从而使自身的事业变得顺利，并且最终获得成功。

第九章

论功成身退

【原文】

持而盈之，不如其已。揣而梲之，不可长保。金玉满堂，莫之能守。富贵而骄，自遗其咎。功遂身退，天之道。

【注释】

持：持有。

已：停止。

揣（chuāi）：揣与。强加于人。意指强加于人们的治理。

梲：通"锐"。锐气。

莫：没有谁。

功：事业。

遂：成功。

【译文】

持有而满盈，不如停止。揣与而有锐气，不可长期保持。金玉满屋，没有谁能守得住。富贵骄横放纵，将会招致灾祸。事业成功了退居人后，是行天道。

【解义】

领导人成功之后，自己持有的权力如果太大了，不如适可而止适当放权，如此可让下属充分展示自身的能力与才华，对自己更有利。强加于人的治理，由于领导人锐气太盛、伤人太多将会麻烦不断，这种治理不可能长期保持。自己拥有的财富再多，也没有谁能将其守住，最终都将以不同的方式散去。自己富贵之后，如果骄横放纵，最终将会给自身带来灾祸。所以身为领导人在成功之后，权力欲太大、用权太盛、金钱欲太强、富贵骄纵，都将导致最终失去已有的权利和财富。因此在事业取得成功之后，领导人宜不争名利退居人后。这是在行不求回报的天之道，在修能够保持自身长久的天之德。

【终述】

领导人在获得事业成功、其自身富贵之后，要注意：（1）适当放权；（2）谦虚谨慎；（3）不骄横放纵；（4）不争名夺利退居人后，行不求回报的天之道。

第十章

论成功之德

【原文】

载营魄抱一，能无离乎？专气致柔，能婴儿乎？涤除玄览，能无疵乎？爱民治国，能无知乎？天门开阖，能无雌乎？明白四达，能无为乎？

【注释】

载：助词。

营魄：心灵，思想。

专：单纯。

气：古代哲学概念。指主观精神。

致：给予。致柔：给予安抚。

涤除：清除。

疵：毛病，过失。

知（zhì）：通"智"。智谋。

天门：心。

雌：柔弱。

四达：天下事理。

【译文】

思想统一，能不分离吗？单纯的精神安抚，能像对待婴儿一样吗？清除偏见对奥妙之道的观察，能没有毛病吗？爱民的治国，能不用智谋吗？内心的开合，能无柔弱吗？明示天下道理，能使做坏事的人不敢为吗（见第三章）？

【解义】

领导人在统一下属思想时，能否做到让下属时刻不分离吗？真诚安抚下属时，能否做到像对待婴儿一样关爱和呵护吗？清除偏见对道进行观察、运用时，能否做到正确无误吗？以爱民为基础治国理政时，能做到不用智谋欺凌民众吗？自己内心收放时，能否做到战胜自己、不柔弱吗？向下属宣布治理规定时，能做到让做坏事的人不敢有所作为吗？

【原文】

生之畜之，生而不有，为而不恃，长而不宰，是谓玄德。

【注释】

生：生利。

畜：畜养，培养。

为：帮助。

恃：依仗。

长：增长。

宰：宰割。

【译文】

生利培养，生利而不占有，帮助而不依仗权势，增长而不宰割，这就是神奇奥妙之德。

【解义】

身为领导人首先要为下属谋利益。其次要将下属培养成为优秀的部下。当有利益出现时，领导人不将其占为己有，能与大家分享。当下属在工作中碰到困难需要帮助时，领导人能及时出手相助，而不是依仗权势采用命令的方法强迫下属去完成不可能完成的任务。当下属的利益快速增长时，领导人能继续支持、鼓励，而不是以各种借口对其宰割。这就是走向成功的神奇奥妙之德。

【终述】

领导人治理成功之道：（1）统一思想；（2）正确决策；（3）治理不用计谋；（4）意志坚定；（5）让做坏事的人不敢为。

领导人治理成功之德：（1）为下属谋利益；（2）培养、关爱下属；（3）利益分享；（4）真诚帮助下属；（5）不宰割下属。

第十一章

论成功条件

【原文】

三十辐共一毂，当其无，有车之用。埏埴以为器，当其无，有器之用。凿户牖以为室，当其无，有室之用。故有之以为利，无之以为用。

【注释】

辐：车辐条。

毂（gǔ）：车轮中心穿车轴的圆木。

当其无：在其中间是空的。

埏埴（shān zhí）：制作陶器的模子。

器：指陶器。

户牖·（hù yǒu）：门窗。

利：功用，功能或用途。

【译文】

三十根辐条共用一毂，在毂中间是空（无）的，可用于制造大车（有）。制造陶器的模子，在中间是空（无）的，可用于制作陶器（有）。凿门开窗建造房屋，在中间是空（无）的，可用于人们居住（有）。因此"有"它可作为功用，"无"它可作为利用。

【解义】

大车的三十根辐条共用一个轮毂，由于其轮毂中间是空（无）的，可以安装车轮，所以人们才能成功制作大车（有）。由于陶器的模子中间是空（无）的，可以制作陶器，所以人们才能成功制作尺寸相同、外观一致的陶器（有）。由于人们凿门开窗建成的窑洞中间是空（无）的，可以供人居住，所以人们才有遮风避雨的房屋（有）。因此，"有"指的是功能或用途，是最终的结果。"无"指的是可以利用的条件。即"有"是人们成功的结果，"无"是人们成功的条件。

【终述】

　　"无"是人们获得成功的条件，"有"是人们获得成功的结果。身为领导人，若要下属顺利完成任务，就要为下属提供完成任务的必要条件，就像轮毂、制陶模子和房屋中间必须是"空"（无）的，才能成功地制作大车、陶器和建成可供居住的房屋（有）一样。所以没有"无"，即成功的必要条件，就不会出现"有"，即成功的结果。因此领导人不为下属提供完成任务的必要条件，也就不会有完成任务的结果。

第十二章

论失败原因

【原文】

五色令人目盲，五音令人耳聋，五味令人口爽。驰骋畋猎令人心发狂。难得之货令人行妨。是以圣人为腹不为目，故去彼取此。

【注释】

五色：指黑、青、黄、赤、白。

令：使，让。

五音：指宫、商、角、徵、羽。

五味：指酸、辛、甘、苦、咸。

爽：伤害。

畋（tián）：打猎。

妨：害，伤害。

腹：肚子。泛指生存与发展。

目：眼睛。泛指人的感官。

【译文】

五色（黑、青、黄、赤、白）让人眼伤，五音（宫、商、角、徵、羽）让人耳伤，五味（酸、辛、甘、苦、咸）让人口伤。骑马飞驰围猎让人内心狂乱。难得之货让人行伤害之事。所以圣人只求自身生存与发展不求感官上的满足，因此以舍去感官上的满足换取自身的生存与发展。

【解义】

五色组成的绚丽色彩，可让领导人的眼睛受到伤害，使自己不能明辨是非。五音组成的靡靡之音，可让领导人耳朵受到伤害，使自己出现偏听偏信，有耳不聪。五味组成的美味佳肴，可让领导人味觉受到伤害，使自己忘记人间尚有疾苦。带人策马狂奔的围猎，可让领导人的心变得残忍疯狂，使自己养成没有爱心以杀戮取乐的习惯。人世间的奇珍异宝，可让领导人做伤害他人之事，使自己为了获得珍宝而不择手段。所以有智慧的领导人全力追求事业的长期发展与成功，而不是全身心地追求个人的享受。因此，领导人应以舍去个人享受，以换取事业上的长期发展和长久的成功。

【终述】

一位领导人只有树立正确的价值观，才能牢记自身的使命和社会的责任，才能有效地抵抗外界的诱惑，才不会迷失自己前进的方向。自私、贪婪、毫无节制地追求个人享受，是领导人自身走向失败的根本原因。因此眼伤、耳伤、口伤、心伤、行伤是领导人脱离正道之后，给自身带来的伤害。所以有志的领导人若要在事业上取得成功，就必须坚决舍去追求个人享受，以换取事业上的长期发展和长久的成功。

第十三章

论择人用贤

宠辱若惊，贵大患若身。何谓宠辱若惊？宠为下，得之若惊，失之若惊，是谓宠辱若惊。

【注释】

宠：宠信，偏爱。

辱：侮辱，蒙受耻辱。

若：代词，你。

贵：重视，害怕。

患：灾祸。

【译文】

受到宠信和受到侮辱都使你感到惊恐，是害怕大灾祸降临自身。什么是宠辱若惊？受宠者为在下之臣，当受宠时你惊恐，失宠时你也惊恐，这就叫作宠辱若惊。

【解义】

当自己受到偏爱，或者受到侮辱时，倘若你都感到惊恐不安，这是害怕大灾大难降临自身。什么是宠辱若惊？受宠、受辱指的是在下之臣；当为臣受到上司的偏爱时，极易出现无所顾忌、胆大妄为，这是大灾降临的征兆。所以有智慧的领导人因为自己受宠而感到惊恐；惊恐可使自己谨慎行事，避免大灾发生。当自己做了错事被上司当众责罚使自己蒙受耻辱时，极易出现顶撞辩解、拒不认错的行为。这是大祸降临的征兆。所以有智慧的领导人因为自己受辱而感到惊恐；惊恐可使自己迅速改错，避免大祸发生。这即是宠辱若惊。

【原文】

何谓贵大患若身？吾所以有大患者，为吾有身；及吾无身，吾有何患？故贵以身为天下，若可寄天下；爱以身为天下，若可托天下。

【注释】

吾：我，自己。

及：等到……的时候。

为：治理。

【译文】

什么是贵大患若身？自己所以有大灾祸，是因为有自身。倘若不考虑自身的时候，自己又有什么大患可担心呢？因此以害怕自身受到伤害的方式治理天下的人，你可将天下寄托给他；以珍爱自身名誉的方式治理天下的人，你可以将天下托付给他。

【解义】

什么是害怕大灾祸降于自身？自己认为有大灾大祸，是因为害怕自身受到伤害。如被降职、降薪，或被罢免、处罚。当你不考虑自身得失的时候，还有什么大灾大祸让自己担心呢？但是，倘若不担心就会无所顾忌，就会胆大妄为，就会出现大灾大祸。因此若能像害怕自身受到伤害一样，小心谨慎地治理天下，唯恐自己出现差错从而伤害天下；这是做事严谨认真、有极强的责任心之人，你可以将天下寄托给他，他将不会辜负你的信任和希望，并能确保你的事业不受伤害。倘若能像珍爱自身名誉一样，全身心地治理天下，唯恐自己不能为天下赢得荣誉；这是具有强烈的荣誉感之人，你可以将天下托付给他，他将会让你惊喜不断，并能将你的事业发扬光大。

【终述】

身为领导人在受到上司偏爱时，只有感到惊恐才能保持谦虚谨慎、才能有效防止灾祸发生。在做了错事之后被上司当众责罚时，只有感到惊恐才能做到迅速认真地改正错误，才能有效防止因不认错或不改错给自己带来的灾祸。

一个领导人若能以害怕自身受到伤害的方式处处小心谨慎地做好自己的工作，生怕出现差错给自己的上司造成损失；这样的人是可以信赖之人，你可将重要的工作寄托给他。一个领导人若能以珍爱自身名誉的方式全身心地开展自己的工作，生怕做不出优秀的业绩不能为自己的上司赢得荣誉；这样的人也是可以信赖之人，你可将重要的工作托付给他。

第十四章

论道的纲要

【原文】

视之不见名曰微，听之不闻名曰希，搏之不得名曰夷。此三者不可致诘，故混而为一。其上不皦，其下不昧，绳绳不可名，复归于无物。

【注释】

微：微细。意指无形体。王弼本为"夷"，按帛书本校为"微"。

希：希声。意指无声音。

搏：抓取，摸。

夷：消失。意指无物象。王弼本为"微"，按帛书本校为"夷"。

致诘：予以追究。

一：一起。

皦：明，明白。

昧：昏，糊涂。

绳绳：众多。

【译文】

看不见的取名为"微"，听不到的取名为"希"，摸不着的取名为"夷"，这三种情况不可予以追究，原因是他们已经混合在一起了。它在上时不明白，它在下时不糊涂。众多而不可命名，回归到无物状态。

【解义】

看不见的东西称之为"无体"。听不到的东西称之为"无声"。摸不着的东西称之为"无物"。这三种情况无法单独说清楚，因为他们是混合在一起的整体。这个整体就是"道"。道的存在特点就是看不见、听不到、摸不着。道在上（领导）层运行时，人们看到的是最终结果，并不明白其结果出现的原因。道在下（民众）层运行时，人们对自己生活发生的变化非常清楚、并不糊涂。众道芸芸、无处不在，因此无法对众多的道逐一命名。但是所有的道都有一个共同的特点，即人们无法依靠自身的感觉器官，感受到它的存在，就像"无物"一样。

【原文】

是谓无状之状，无物之象，是谓惚恍。迎之不见其首，随之不见其后。执古之道，以御今之有。能知古始，是谓道纪。

【注释】

状：形状，物状。

惚恍：似有似无，模糊不清。

执：持。

御：治理。

有：存在。

始：始末。

纪：纲要。

【译文】

这就叫作没有形状的物状，没有实物的物象，称其为惚恍。迎着它不见其头，跟着它不见其尾。持古时的方法，以治理当今存在的问题。能懂得古人成败的始末，可称为掌握了道的纲要。

【解义】

没有形状、没有物象的领导人成功之道，由于人们看不见、听不到、摸不着，所以对它的感觉似有似无、模糊不清。因此称之为"惚恍"。人们迎上去，不知道它的源头在哪里，即从何时开始出现的。人们跟上去，不知道它的尾在哪里，即到何时才会结束。人们无法查清它的来龙去脉。但是，当领导人运用前人成功经验，治理当前社会存在的问题时，倘若能够清楚地知道前人治理成败的始末，可以说你就已经掌握了领导人成功之道的核心内容了。

【终述】

道是事物运动的规律，因此它看不见、听不到、摸不着。领导人的行为如果符合成功之道，将会给自身带来顺利与成功。获得道的最好方法是认真总结前人和自己的成功经验与失败的教训，从中找出相应的规律，并用于指导自己的工作，以保证领导人自身言行不脱离成功之道。若能如此，说明你已经掌握道的核心内容了。

第十五章

论得道之臣

【原文】

古之善为士者，微妙玄通，深不可识。夫唯不可识，故强为之容：豫焉若冬涉川；犹兮若畏四邻；俨兮其若客；涣兮若冰之将释；敦兮其若朴；旷兮其若谷；混兮其若浊。

【注释】

士：官吏的统称。意指臣。

微妙：精微神奇。

玄通：奥妙通达。

容：容貌。

豫：安乐。

犹：通"猷"（yóu），计划，谋划。

俨（yǎn）：庄重。

客：宾客。王弼本为"容"，按帛书本校为"客"。

涣：离散。

敦（duī）：治理。

旷：宽广，辽阔。

混：盛大。

浊：混乱。

【译文】

古时得道之臣，精微神奇、奥妙通达深不可知。由于深不可知，所以只能勉强描述他的尊容：安乐时他像冬天涉水过河一样；谋划时他像畏惧四邻一样；庄重时他像接待宾客一样；离散时他像冰雪消融一样；治理时他像德高长者朴实无华；宽广无阻时他像行进在沟谷之中一样；盛大时他像面对混乱一样。

【解义】

古时得道之臣，在分析问题时所展示的是精微神奇，让人难以捉摸。在处理问题时所展示的是深奥奇妙，让人难以理解。所有这些都让人们感到深不可知。由于深不可知，所以只能勉强描述他的尊容：在享受安乐时，他像冬天涉水过河一样恐惧而小心，谨防灾祸发生；在谋划进攻时，他像畏惧四邻一样慎之又慎，谨防四面受敌；在庄重的场合时，他像会见重要宾客一样谦卑恭谨，谨防失礼、冒犯；在与同道之人分手时，他的友情像冰雪消融一样慢慢地散去，谨防产生怨恨；在治理政事时，他像德高望重的长者一样质朴敦厚，谨防出现欺诈巧言；在前行畅通无阻时，他像行进在沟壑之中一样小心谨慎，防患于未然。在事业盛况空前时，他像面对混乱的局面一样，慎重地处理各种事务，谨防出现差错。

【原文】

孰能浊以静之徐清？孰能安以久动之徐生？保此道者不欲盈。夫唯不盈，故能蔽不新成。

【注释】

之：至。达到。

徐：稳重。

清：清正，廉洁。

生：生活。

欲：希望。

盈：满。

蔽：断定。

不：通"丕"。大。

【译文】

谁能在混乱中以静达到稳重清正？谁能在安逸中以久动达到稳重生活？坚守此道的人不希望满足现状。因为不满足现状，因此可以断定此人将获得大而新的成功。

【解义】

在物欲横流的混乱情况下，得道之臣能够以冷静的方式面对混乱，并采用取稳重的方法，保证自身的清正廉洁。在普遍享乐安逸的情况下，得道之臣能够以勤奋工作的方式面对安逸，并采取稳重的方法，保证自己仍然生活在忙碌之中。得道之臣之所以与众不同，是因为他对现存的状况不满足。由于他对现状不满足，因此可以断定，他在事业上将会获得更大、更新的成功。

【终述】

得道之臣由于能够做到深谋远虑，洞察事物变化的规律。因此在分析、处理问题时，始终表现出与众不同。在顺境出现时，根据未来可能出现的逆境，做到提前谋划，防止逆境出现。在逆境出现时，根据未来可能出现的顺境，做到提前谋划，促成顺境早日到来。所以得道之臣，比常人考虑的深、比常人想得远，往往让人感到奥妙神奇、不可思议。所有这一切都源于得道之臣深知事物变化的规律和不满足于现状的结果，这正是得道之臣能够获得更大、更新成功的奥秘。

第十六章

论得道之君

【原文】

致虚极，守静笃，万物并作，吾以观复。夫物芸芸，各复归其根，归根曰静，是谓复命，复命曰常。

【注释】

虚：空。

笃：坚定。

作：成长，变化。

复：返回，回归。

芸芸：众多的样子。

根：根源，本原。

是：指示代词，此。

命：天命。先天本性。

常：规律。

【译文】

达到空的极限，保持安静坚定，周围万物兴起，我用此法观其回归的变化。其物众多，各自回归其本原。回归本原称静，此静称为回归天命。回归天命又称其为规律。

【解义】

彻底清除大脑中的私欲杂念，并且保持内心宁静而坚定不变，用此方法才能正确地观察周围事物的发展变化。各种事物虽然变化众多，但是最终都将回归到事物初始之前的状态，即是无的状态。回到初始之前的状态称为静。回到静的过程，称为回归先天本性。回归先天本性是事物运动的自然规律。即任何事物都是从无到有，又从有回归到无，这是永恒不变的规律。

【原文】

知常曰明，不知常，妄作凶。知常容，容乃公，公乃王，王乃天，天乃道，道乃久，没身不殆。

【注释】

明：明智。

容：包容。

公：公正。

天：天道。

道：正道。

殆：通"怠"，懈怠。

【译文】

懂得规律叫明智，不懂规律，乱做事凶。懂得规律可包容，能包容可公正，能公正可为君王，能为君王可行天道，行天道是正道，行正道可长久，没有自己也不会懈怠。

【解义】

领导人的事业从无到有，是欲望产生的结果。领导人的事业从有到无，有下述两种情况：一是领导人依道而行、欲望得以实现，其事业因成功而消失了。这是领导人懂规律、明智做事的结果。二是领导人背道而行，欲望没能实现，其事业因失败而消失了。这是领导人不懂规律、胡乱做事的结果。懂得按照规律做事的领导人，为了顺利实现自己的奋斗目标，对待下属将产生包容之心；有包容之心，可公正的处理政事；能够公正处理政事，可成为君王；成为君王则可行天道、为天下人谋利

益；行天道则是人间正道，行正道事业可以长久；当你行正道时，在没
有你的情况下，人们也能为实现你的目标而努力奋斗，不会因你的不在
而懈怠。

【终述】

如何才能正确地观察事物的变化，从中找出变化的规律，以运用其
规律：首先要彻底清除头脑中的私欲杂念，防止由于个人的偏见，造成
错误判断。其次要保持内心宁静，并且要坚定不移。防止由于个人情绪
急躁，在没有弄清事情的真相前就匆忙下结论，从而做出错误的决定。
身为领导人一旦掌握了事业的成功规律，就能识大体、顾大局，具有像
大山一样包容万物的能力，并能公正地处理问题，因此可以团结一切力
量，成就自身的事业。此时领导人若能行天道，为天下人谋利益，其自
身的事业也将会得到长久发展，并且在没有你的情况下，人们也不会因
此而懈怠。这是得道之君领导团队走向成功的一个突出特征。

第十七章

论诚信管理

【原文】

太上，下知有之。其次，亲而誉之；其次，畏之；其次，侮之。信不足，焉有不信焉。悠兮！其贵言，功成事遂，百姓皆谓我自然。

【注释】

太上：极尊的称呼。指最好的领导人。

焉：第一个是连词，则，才。第二个是语气词，无词义。

悠：神秘。

贵：重视，看重。

事遂：指奖励之事结束之后。

我：指领导人。

自然：理所当然，应该做的。

【译文】

最好的领导人，人们知道他存在。其次，人们爱他、赞美他。再次，人们害怕他。最差，人们侮辱他。诚信不足，才有不信任。神秘啊！人们重视你讲过的话。当人们取得功绩受到奖励之后，百姓都说我这是理所当然的。

【解义】

最好的领导人，从不直接干扰或介入奖罚工作，一切奖罚都在按部就班进行、从不推迟。因此人们仅仅知道他的存在，好像奖罚与他无关一样。次一等的领导人重奖不罚，所以人们亲近他、赞美他。更次一等的领导人重罚不奖，人们对他感到恐惧、害怕。最差的领导人对下属的成败既不奖、也不罚，所以人们侮辱和诋毁他。领导人对待下属诚信不足，才有下属的不信任。神秘啊！其中的奥秘是：人们非常重视领导人所讲过的话。所以领导人一旦做出了承诺，在事成之后就一定要兑现，否则将会失信于人。当人们功成名就之时，领导人履行承诺对其实施奖励之后，人们都将一致认为，这是领导人应该做的事，是理所当然的。

【终述】

诚信是领导人的立业之本。上对下无诚，则下对上不信。下不信事则废。所以有智慧的领导人，是通过建立完整的目标体系，对下属的功过是非及时奖罚，而自己从不直接干扰或介入奖罚工作。重奖可让下属亲近、赞美自己；重罚可让下属恐惧、害怕；不奖不罚将会受到下属的侮辱、诋毁。因此，诚信可以立威、诚信可以成就自身的事业。

第十八章

论事出有因

【原文】

大道废，有仁义。智慧出，有大伪。六亲不和，有孝慈。国家昏乱，有忠臣。

【注释】

大道：人间正道。

仁义：爱人的道理。

大：多。

伪：伪诈，欺诈。

昏乱：混乱。

【译文】

人世间的正道被废除了，仁爱和道义就出现了。有"智慧"的人出现了，欺诈也就盛行了。家庭中六亲不合出现了，家庭内部的孝顺、慈爱就出现了。国家出现了混乱，国内的忠臣就出现了。

【解义】

当社会出现掠夺压榨、民不聊生时，帮助人们摆脱苦难、替人们伸张正义的力量也就出现了。当社会出现运用奇谋巧智治理天下时，人们将会争相效法其"智慧"，此时社会虚伪狡诈也就盛行了。当社会出现家庭内部六亲不和时，帮助家庭纠正不正之风的孝道和慈爱也就出现了。当领导人昏庸无道、治理无方，使国家变成混乱不堪时，帮助领导人匡扶正道的忠臣也就出现了。

【终述】

当社会出现伸张正义的情况时，说明人间的正道已经被废除了。当社会讨厌虚伪狡诈时，说明社会的治理已经脱离正道了。当社会提倡孝顺、慈爱时，说明社会上下的相互关爱已经不存在了。当社会出现忠臣时，说明国家已经出现昏乱了。由此可知，当社会出现推崇正气的时候，说明社会的歪风邪气已经盛行了。

第十九章

论治理三弃

【原文】

绝圣弃智，民利百倍；绝仁弃义，民复孝慈；绝巧弃利，盗贼无有。此三者以为文不足，故令有所属：见素抱朴，少私寡欲。绝学无忧。

【注释】

绝：最。管子七法："故能威绝域之民"中的"绝域"二字，指最远的地域。其中的"绝"字，是"最"的意思。

仁：爱人之心。

义：恩情，情义。

巧：擅长。

以为：认为。

文：文理。

令：让，使。

素：质朴。

抱：保持。

朴：朴实。

【译文】

最高明的领导人放弃"智慧"，人们受益百倍。最有爱心的领导人放弃情义，人们恢复孝顺慈爱。最擅长治理的领导人放弃利益，盗贼就不会出现。这三个方面认为文理不足时，因此要让其有所归属：看见人们质朴时，是保持朴实。看见人们私心减少时，是减少私欲。最好的学问，没有忧愁。

【解义】

最高明的领导人若能放弃千方百计与民众争利的"智慧"，人们将因此获得百倍的收益。最有爱心的领导人，若能放弃自私的偏爱，将仁爱之心广泛的施予众人，人们将会效法放弃偏爱，恢复对父母的孝顺和对子女的慈爱。最擅长治理的领导人若能放弃自身的利益、一心为民众谋利益，当人们衣食无忧之后，也就不会去抢劫偷盗了。在认为弃智、弃义、弃利这三个方面还没有说清楚的情况下，因此有必要进一步说明其出现的原因：看见人们质朴时，是领导人自身保持朴实的结果。看见人们私心减少时，是领导人自身私欲减少的结果。最好的治理学问，不会给领导人执政带来烦恼与苦闷。所以，治理效果不好的根本原因，不是治理学问不够好，而是领导者本人做得不够好。

【终述】

领导人在治理团队时：首先，不用计谋（智慧）与下属争名利，下属就不会出现尔虞我诈、互不信任的情况。其次，对待下属没有远近亲疏，下属就不会出现拉帮结派、互相抵触的情况。第三，不利用职权谋取私利，下属就不会出现自私自利、不顾大局的情况。因此，下属所有的不良行为都与在上之君相关：要么是上行下效，误导了下属。要么是疏于管理，纵容了下属。

第二十章

论明臣之道

【原文】

唯之与阿，相去几何？善之与恶，相去若何？人之所畏，不可不畏。荒兮其未央哉！众人熙熙，如享太牢，如春登台。我独泊兮其未兆，如婴儿之未孩，傈傈兮若无所归。

【注释】

唯：迅速谦恭的应答声。

阿：迟缓傲慢的应答声。

去：距，差。

几何：多少。

荒：过度享乐。

未央：未尽。

熙熙：和乐的样子。

太牢：盛宴。

我：指得道之人。

傈傈（lěi lěi）：疲困的样子。

【译文】

迅速谦恭地回应和迟缓傲慢地回应，两者相差多少？好结果与坏结果，两者相差多少？人们害怕的事，不可不怕。过度的享乐没有尽头啊！众人和乐的样子，如同参加盛宴，如同春天登高远望。我独自淡泊其和乐视为不好的征兆，如同还未长成孩童的婴儿，疲劳困倦的样子好像没有归宿一样。

【解义】

身为人臣对上司的召唤有两种回应方式：一种是迅速谦恭的回应。另一种是迟缓傲慢的回应。两者有何不同？前者将会得到上司的信任和支持，会有好结果；后者将会失去上司的信任和支持，会有坏结果。好结果和坏结果有何差别？好结果可使为臣的仕途顺利，并走向成功。坏结果可使为臣的仕途受阻，并走向失败。由于所有人都害怕不好的结果出现，所以身为人臣对此不可不怕。当功成名就的好结果出现时，人们追求过度的享乐，将会没有止境啊！众人享乐的样子，如同受邀参加盛宴一样，高兴快乐；又像春天登高远望一样，心旷神怡。而得道之人却独自淡泊其"欢乐"，并将其视为不好的征兆。如同不懂事的婴儿，对其"欢乐"无知无欲，就像什么都未发生一样。并且在有好结果的情况下，能够做到继续不畏艰辛、不知疲倦地努力工作，以争取更多的功绩，就像永远没有终点一样啊！

【原文】

众人皆有余，而我独若遗。我愚人之心也哉！沌沌兮俗人昭昭，我独昏昏。俗人察察，我独闷闷。澹兮其若海，飂兮若无止。众人皆有以，而我独顽似鄙。我独异于人，而贵食母。

【注释】

有：为。

余：㈠我。诗经·谷风："不念昔者，伊余来墍。"㈡泛指自己一方。

若：选择。

遗（wèi）：给予。

沌沌：混沌不明。

俗人：普通人。

昭昭：明白。

　　昏昏：糊涂。

　　察察：明察。

　　闷闷：浑浑噩噩，无知的样子。

　　澹（dàn）：安静。

　　飂（liù）：飘动，行动。

　　有以：有道理。

　　顽似鄙：愚笨似无知。

　　食：喂养，养。意指培养。

　　母：根源，根本。

【译文】

　　众人都为自己，而我独自选择给予。我有愚笨之心吗？混沌不明啊！普通人明白，而我独自糊涂。普通人明察，而我无知。众人安静其静如海，而我在行动，其动如无止境。众人都有道理，而我独自愚笨好像无知。我独自不同于人，而重视培养根本。

【解义】

　　众人都在为自己能够获得更多利益而忙碌不停，而我却独自选择了如何给予别人更多。我的这些想法愚笨吗？不是。是众人的无知不明啊！普通人非常明白成功给自己带来的荣誉，并为个人荣誉与他人相争，而我对个人荣誉却表现出独自的糊涂。众人对个人利益明察秋毫、并为个人利益斤斤计较，而我对个人利益却表现出大度无知。众人安静啊，其静如同大海一样；而我却忙碌啊，如同没有止境。众人都认为自己的这些行为有道理，而我对这些道理的认知显得那么的愚笨，好像无知一样。我之所以独行不同于众人，是因为我重视培养自己为臣的成功之德，使自身的言行都符合为臣的成功之道。

【终述】

　　明智之臣在功成名就之后的外在表现：（1）对上司更加恭敬、不追求个人享乐。（2）不与他人争夺名利、不以权谋私。（3）继续勤奋工作、永不懈怠。（4）继续不断提高自己顺从于道的能力和与其相应之德的水平。

第二十一章

论预知未来

【原文】

孔德之容，惟道是从。道之为物，惟恍惟惚。惚兮恍兮，其中有象；恍兮惚兮，其中有物。窈兮冥兮，其中有精；其精甚真，其中有信。

【注释】

孔：大。

容：范式，典型的样式。

是从：绝对服从。

为（wèi）：帮助。

恍：模糊不清。

惚：似有似无。

物：类别，差别。

窈：暗地里，昏暗。

冥：幽深。

精：精华。

真：本性，真实。

信：规律。

【译文】

大德的典型样子，就是对道绝对服从。道它帮助万物，可是又模糊不清似有似无。它似有似无模糊不清啊，其中有象；它模糊不清似有似无啊，其中有差别；它昏暗幽深啊，其中有精华。它的精华很真实，其中有规律。

【解义】

有大德之人的典型外在表现，就是绝对服从于道。道的特点是帮助万物生长，但是它又模糊不清似有似无。虽然似有似无模糊不清，如果仔细观察你会发现道的运动现象；人们可以通过这些现象观察道的运动。虽然模糊不清似有似无，如果仔细研究你会发现道与道之间的相互差别。虽然昏暗不明幽暗难知，如果深入研究你会发现道的核心内容。道的核心很真实，并且它是按照一定的规律在运动。

【原文】

自古及今，其名不去，以阅众甫。吾何以知众甫之状哉？以此。

【注释】

阅：观察。

甫（fǔ）：类。

知：预知。

状：状态。

【译文】

从古至今，道之名从未消失，用于观察众类事物。我是如何预知众类事物未来的状态呢？是以道为基础。

【解义】

从古至今，道这个名字从来未曾消失过。人们用道来观察各类事物的发展变化。我是如何预先知道各类事物未来的变化呢？就是以道为基础，预测事物未来的变化过程，以及最终出现的结果。

【终述】

有大德之人的特点是依道而行。虽然道看不见，摸不着，但是深刻地了解它之后，可以通过它预先知道事物未来的变化过程，以及最终出现的结果。这种能力对一个领导人来说非常重要。因为它是有效制订未来行动计划的依据。一个领导人自身的事业能否顺利成功，首先取决于领导者本人所制订的行动计划是否正确。

第二十二章

论委曲求全

【原文】

曲则全，枉则直，洼则盈，敝则新，少则得，多则惑。是以圣人抱一，为天下式。

【注释】

曲：委曲。

枉：矫枉，纠正错误。

直：正。

洼：低下。

盈：圆满。

敝：抛弃，清除。

抱：保持。抱一：保持统一。

式：榜样。

【译文】

委曲则能保全，矫枉则能正确，低下则能圆满，清除则有新成，缺少则能获得，多得则会迷惑。所以圣人保持两者的统一，作为天下的榜样。

【解义】

身为人臣只有能够承受委曲，自己才不会受到伤害。例如：只有纠正自身的错误，才能走上成功的正道；只有保持谦卑低下，自己才能获得圆满的结局；只有清除自身的弊病，才能获得新的成功；只有感到成绩缺少，才能通过继续努力奋斗获得新的成功；只有感到成绩过多，才会出现是否要继续奋斗的困惑。所以有智慧的领导人能够做到两者完美的结合，可作为天下之人的学习榜样。

【原文】

不自见故明；不自是故彰；不自伐故有功；不自矜故长。夫唯不争，故天下莫能与之争。古之所谓曲则全者，岂虚言哉！诚全而归之。

【注释】

见（xiàn）：通"现"，表现，展示。

故：原因，因此。

明：明智。

是：正确。

彰：显著，出色。

矜：骄傲。

诚：真心。诚全：真心成全。

归：归附。

【译文】

不自我表现原因是明智；不自认为正确原因是出色；不自我夸耀原因是有功绩；不骄傲自大原因是为了长久。人若不争，所以天下无人能与你争。古人所说的"曲可保全"，岂是空谈吗？真心成全他人，天下之人将归附于你。

【解义】

为臣不因为自己有能力就极力表现比别人强与他人争名誉，原因是其臣明事理、有远见。不因为自己正确就公然否定别人与他人争是非，原因是其臣具有出色的观察力和判断力。不因为自己有功劳就自夸与他人争功绩，原因是其臣有谦让的美德。不因为自己是功臣就骄傲自大与他人争利益，原因是其臣有更长远的发展目标。由于自己不与他人争夺名利，因此天下将无人与你相争。古人所说的"以委曲保全自己"，岂是空谈吗？不是。如果你能做到真心诚意的，为了成全他人而委屈自己，天下的人都将归附于你。

【终述】

身为人臣只有委曲求全，才能保证自己不受伤害。针对自己所要承受的委曲：纠正错误、谦卑低下、清除弊病、永不自满。针对他人自己所要承受的委曲：不与他人争名誉、不与他人争是非、不与他人争功绩、不与他人争利益。如果为臣能严格要求自己、不断纠正自身的错误，并且做到不与他人争名夺利、真心成全他人，天下之人都将归附于你。这即是"委曲求全"的重要意义。

第二十三章

论止怒之智

【原文】

希言自然。故飘风不终朝，骤雨不终日。孰为此者？天地。天地尚不能久，而况于人乎？故从事于道者同于道，德者同于德，失者同于失。

【注释】

希：少。

然：对的，正确的。自然：自己是正确的。

飘风：暴风，狂风。

骤雨：暴雨。

故从事于道者同于道：按帛书本校定于此。

失：失败。

【译文】

少言自己是正确的。因为狂风刮不过早晨，暴雨不会下一天。这些是谁做的呢？是天地。天地尚不能长久，何况人呢？原因是顺从于道的人，与道同行；顺从于德的人，与德同行；顺从于失败的人，与失败同行。

【解义】

当下属不信任自己，未按要求行事导致失败时，让自己愤怒之极、无法抑制。在这种情况下，不能无休止地斥责对方。此时自己少言才是正确的。因为一夜的狂风刮不过早晨，白天的暴雨下不了一天。天地发怒都不能长久，何况是人呢？其根本的原因：顺从于道的人与道同行，走的是成功之道；顺从于德的人与德同行，积的是成功之德；顺从于失败的人与失败同行，最终一定会失败。因此失败也就不足为怪了。所以领导人发怒应当适可而止。

【原文】

同于道者，道亦乐得之；同于德者，德亦乐得之；同于失者，失亦乐得之。信不足，焉有不信焉。

【注释】

亦：也。

得：成。

【译文】

与道同行之人，道也乐于成其事；与德同行之人，德也乐于成其事；于失败同行之人，失败也乐于成其失败。诚信不足，才有不信任啊！

【解义】

顺从于道的人，道也乐于帮助其成功；顺从于德的人，德也乐于帮助其成功；顺从于失败的人，失败也乐于帮助其失败。因此最终的失败不足为怪。另外领导人待下诚信不足时，下属才会有不信任的言行，才会出现不按要求行事的后果。下属的不信任来自领导人自己不讲诚信啊！

【终述】

当下属不信任自己、自作主张，未按要求行事导致失败时，让领导人怒不可遏。此时不宜无休止地斥责对方，应适可而止。其原因如下：一是这样的下属是与失败同行之人，其最终的失败不足为怪。二是领导人过去执政无道、不讲诚信，所以才会出现下属未按要求行事的结果。诚信不足才有不信任，这是领导人自身的过错，因此也不宜过多地斥责下属。总之面对下属的失败，只有具备"知人之智、自知之明"，才能正确处置相关的人和事、才不会无休止地斥责下属。

第二十四章

论立身之明

【原文】

企者不立，跨者不行。自见者不明，自是者不彰，自伐者无功，自矜者不长。

【注释】

企：踮起脚跟。

跨：超过，跨越。

【译文】

踮脚者不能久立，跨越者不能久行。自我表现者不明智，自以为是者不显著，自我夸耀者无功，骄傲自满者不长久。

【解义】

能力不足依靠竭尽全力才能维持现有的状态，此种立身将不会长久，最后都因力不从心以失败告终。急于求成依靠走捷径实现跨越式的发展，此种发展将不会长久，最后都因基础不牢以失败告终。总是争强好胜喜欢表现自己，则会令人厌恶，是不明智的表现。总是自以为正确喜欢否定和贬低别人，则会伤害他人，自己也不会有显著的声誉。总是夸耀自己有功喜欢贪天功为己有，则会失去追随者，自身的事业也不会成功。有了功绩就骄傲自满、狂妄自大，则会失去人们对自己的信任和支持，其好景也不会长久。

【原文】

其在道也，曰馀食赘行。物或恶之，故有道者不处。

【注释】

餘（yú）：丰足。意指权力充分。

食：亏缺，缺陷。

赘行：不好的行为。

物：人，众人。

恶：厌恶。

处：立身。

【译文】

这些毛病对有道者而言，称之为有缺陷的不良行为，是众人所厌恶的事。所以有道之人不以此立身。

【解义】

这六种毛病对有道的领导人来说，称之为在权力充分的条件下，所产生的有缺陷的不良行为。是众人所厌恶的东西，并且都将不同程度影响自身的事业发展。所以有道的领导人深知这些毛病对自己的危害，都不会以此立身处世。

【终述】

导致领导人失败的两种毛病：（1）职务高、能力不足。自己虽然总在竭尽全力工作，可是其结果总是出差错。（2）急于求成。总想依靠走捷径实现跨越式发展，可是最后都以失败告终。

影响领导人成功的四种毛病：（1）自我表现；（2）自以为是；（3）自我夸耀；（4）骄傲自满。

因为有道的领导人深知这六种毛病对自己的危害，所以为了自身的事业能够顺利成功，都不以此立身处世。

第二十五章

论道的运动

【原文】

有物混成，先天地生。寂兮寥兮，独立不改，周行而不殆，可以为天下母。吾不知其名，字之曰道，强为之名曰大。

【注释】

混成：浑然天成。天生在一起，不可分割。

先：超越。

天：天在上，象征君。

地：地在下，象征臣。

寂：无声。

寥：无形。

周行：循环运行。

殆：通"怠"。懈怠。

字：给……取名。

为：介词。给。

名：称，称呼。

【译文】

有一种东西浑然天成，它超越天地而生。它无声无形，独立运行从不改变。并且循环运行也不懈怠，可以称为天下万物的本源，我不知道它叫什么，给它取个名字叫"道"，并勉强给它另一个称呼叫"大"。

【解义】

有一种东西与领导人的事业天生混合成一体，不可分割。它在君、臣出现之前，即国家出现之前就已经存在了。它没有声音、没有形状，独立运行，从不改变自己的运动规律；并且周而复始、永不懈怠，可以称之为天下事业成功的本源。我不知道它叫什么，根据它周行而不殆的特点给它取个名字叫"道"。根据它不断扩展是天下事业成功的本源，勉强给它另外一个称呼叫"大"。即它的运动规律叫道，用大来形容它不断扩展的特点。

【原文】

大曰逝，逝曰远，远曰反。故道大，天大，地大，王亦大。域中有四大，而王居其一焉。人法地，地法天，天法道，道法自然。

【注释】

逝：往，前往。前行。

远：远离。

反：返回。

王：指领导人。

法：法则。

【译文】

大称为逝，逝称为远，远称为返。因此道可大，天可大，地可大，王也可大。宇宙之间有四大，王是其中之一。人的法则符合地，地的法则符合天，天的法则符合道，道的法则符合自然。

【解义】

道在万物中的不断扩展延伸，称其为大。道的扩展延伸运动，称其为前行，又称之为逝。当其运行到一定程度之后，称其为在远离，又称之为远；当其运行到极限返回时，又称之为反。大、逝、远、反是天下万物的运动规律。例如，领导人治理团队内部的不正之风时，在不正之风出现之前，是"无"的状态，在其出现之后是"有"的状态。当领导人对其"有"开始依道治理时，其大也就出现了，即道开始扩展到其治理了。当治理展开之后，前行的逝也就出现了。当治理进行到一定程度时，前行的远也就出现了。当治理成功之后，又返回到没有不正之风的状态，即"无"的状态，反也就出现了。这是领导人依道而行取得治理成功的过程。也是一切事物依道而行按照大、逝、远、反的运动结果。因此，道向万物可无限扩展、天道四季可无限扩展、地上万物可无限扩展、领导人的事业也可以无限扩展。宇宙之间有四个无限扩展，领导人是其中之一。这四个无限扩展的法则如下：人类生存事业的扩展要符合大地的变化规律；大地万物的扩展要符合天道的变化规律；天道四季的扩展要符合道的运动规律。道的扩展要符合大、逝、远、反的自然规律。

【终述】

任何事物的运动都有自己的规律，这个规律就是道。道主导着一切事物的运动，并且一切事物的自身变化都是道在起作用。道的存在特点是看不见、摸不着，存在于一切事物之中。道的运动特点是不知疲倦、永远向前，即按照大、逝、远、反的规律运行，周而复始、永不懈怠。

第二十六章

论决策禁忌

【原文】

重为轻根，静为躁君。是以圣人终日行不离辎重。虽有荣观，燕处超然。奈何万乘之主，而以身轻天下？轻则失本，躁则失君。

【注释】

重：重视。

轻：轻视。

君：事情的主旨，主宰。

辎重：作战装备。

荣观：荣耀的外观。

燕：通"宴"。燕处：指酒宴娱乐。

超然：超脱。

奈何：怎么，为什么。

【译文】

重视是轻视的根基，冷静是烦躁的主宰。所以圣人终日之行不离作战装备。虽有荣耀的外观，却以酒宴娱乐而超脱，为什么大军的统帅，却为自身轻视天下大事呢？轻视将失去根基，烦躁将失去正确主张。

【解义】

领导人在领兵征战时，只有重视敌人，才能获得征战的成功。若是轻视敌人，最终将会大败。因此重视是取得成功的根基。其次领导人在冷静的情况下，才能做出正确的判断和决定；在烦躁的情况下，将会做出错误的判断和决定。因此冷静是正确决定的主宰。所以有智慧的领导人，在领兵征战时，终日不离作战装备、准备随时应战，以防敌人偷袭。但是有些领导人却与此相反，在领兵出征时，虽然具有令人羡慕的强大实力，然而主帅却以此轻视自己的对手。在其征战之际，却终日不忘酒宴享乐，一副无所谓的样子。一个大军的统帅，怎么会为了自己的享乐而忘记自身的重大使命呢？其最终的结果，必然是因为轻敌造成决策失误而大败。因此轻视将会失去成功的基础，烦躁将会失去正确的主张。

【终述】

一个领导人，在战略上藐视自己的对手，是为了树立必胜的信心；在战术上重视自己的对手，是为了彻底地战胜对手。因此重视对手是彻底战胜对手的基础，任何轻视对手的思想或行为，都将直接导致自身受挫或失败。这是领导人因轻敌造成决策失误的后果。

一个领导人，在做重大决策的过程中，要保持头脑冷静，不受外部环境的干扰，这样才能做出正确的判断，依此做出正确的决定。如果烦躁不安、心神不定，必将做出错误的判断，最终做出错误的决定。因此冷静是领导人正确决策的条件，烦躁是领导人错误决策的开始。

第二十七章

论识人用人

【原文】

善行无辙迹，善言无瑕谪，善数不用筹策，善闭无关楗而不可开，善结无绳约而不可解。

【注释】

辙（zhé）：车轮的痕迹。

言：言语。指命令。

瑕谪（xiá zhé）：玉上的斑痕。比喻缺点、毛病。

数：方略，计划。

筹策：计谋。

闭：关门。

关楗：门闩。闭关楗：关闭城门，插上门栓，意指防守。

开：占领，攻开。

结：束缚。意指包围。

绳：绳索。

解：解开，逃脱。

【译文】

善于行动之人无痕迹；善于言语之人没有毛病；善于计划之人不用计谋；善于关门之人不用门闩也攻不开；善于束缚之人不用绳索也解不开。

【解义】

当下属接受命令之后，在执行命令的过程中：善于行动的人，其行动不会留下任何痕迹；善于下达命令的人，其命令不会有毛病；善于谋划的人，不用计谋也能获得成功；善于防守的人，不用防守对方也无法攻破；善于包围的人，不用包围对方也无法逃脱。

【原文】

是以圣人常善救人，故无弃人；常善救物，故无弃物。是谓袭明。

【注释】

救：治。治理，管理。

袭：重叠，重。

明：贤明。

【译文】

所以圣人常常善于管理人，因此没有无用之人；常常善于管理物，因此没有无用之物。这是重明。

【解义】

所以一个有智慧的领导人，常常善于管人、管物。在管人时没有无用之人，并能做到人尽其才。这是管人的贤明。在管物时没有无用之物，并能做到物尽其用。这是管物的贤明。能贤明的管人、管物，称之为重明。是有德有才之人。

【原文】

故善人者，不善人之师；不善人者，善人之资。不贵其师，不爱其资，虽智大迷，是谓要妙。

【注释】

师：官，长。指首领。

资：依托。

迷：迷败。

要：关键，重要。

【译文】

因此善于用人者，是不善于用人的首领。不善于用人者，是善于用人的依托。不重视首领，不爱其依托，即使有智慧也会有大的迷败。这就是关键和奥妙。

【解义】

因此善于用人的人，是不善于用人的长官。不善于用人的人，是善于用人者事业成功的依靠。一个领导人，如果不提拔重用善于用人的人，不爱惜和依靠不善于用人的广大下属，即使有较高的智慧，在事业上也会出现由于迷失用人的正道而大败。因此，正确识人、用人是领导人能否取得事业成功的关键，也是领导人取得事业成功的奥妙。

【终述】

领导者正确识人、用人的方法如下：

（一）识人之法

1. 善行动之人，不会留下任何痕迹。

2. 善命令之人，不会出现任何纰漏。

3. 善计划之人，不用任何计谋。

4. 善防守之人，任何人都攻不破。

5. 善围歼之人，任何人都无法逃脱。

6. 善管人、管物之人，没有无用之人和无用之物。

（二）用人之法

1. 提拔、重用有组织能力，善于用人的人。

2. 爱惜、依靠团队内部，不善于用人的广大下属。

能正确地识人、用人，是领导人取得事业成功的关键。不能正确地识人、用人，尽管有时你的决定是正确的，最终也难逃失败的厄运。

第二十八章

论为臣之德

【原文】

知其雄，守其雌，为天下溪。为天下溪，常德不离，复归于婴儿。知其白，守其黑，为天下式。为天下式，常德不忒，复归于无极。

【注释】

雄：意指刚健。

雌：意指柔顺。

溪：山沟，山谷。

白：比喻是，正确。

黑：比喻非，错误。

忒：差错。过错。

无极：本源。

【译文】

知道其上刚健，要安守柔顺，愿为天下最低处。为天下最低处，是未离开正常的德，这是回归婴儿状态。知道其上正确，要安守错误，成为天下的榜样。能成为天下的榜样，说明正常的德没有过错，这是回归到本源了。

【解义】

知道自己的上司是一个刚健的领导人，为臣应安守柔顺，并将自己置于最为卑下的位置，谨防傲气伤身。若能如此，说明其臣能够摆正自身的位置，没有脱离正常的臣之德。这也是其臣回归到人见人爱、无知

72

无欲的婴儿状态。

知道自己的上司是一个正确的领导人，为臣应安守自己的想法是错误的，并将自己置于深信不疑、坚决服从的状态；同时要多请示，多汇报，竭尽全力开展工作，争取成为他人的学习榜样。能成为他人的榜样，说明其臣坚守正常的臣之德没有过错，同时也说明其臣已经回归到自己的本源了，即回归到所应坚守的为臣正道了。

【原文】

知其荣，守其辱，为天下谷。为天下谷，常德乃足，复归于朴。朴散则为器，圣人用之则为官长，故大制不割。

【注释】

荣：荣耀。

辱：屈辱。

朴：质朴，本真。

散：散施。扩散实施。

器：人才。

官长：众官之长。统率，首领。

大：大国。大制：大国的管理（控制）者。

割：灾祸。

【译文】

知道其上喜欢荣耀，要安守屈辱，愿为天下最低层。为天下最低层，说明正常的德已足够了，可回归于本真。本真散施可成人才，被君王选用时则可担任统率，因此服务于大国控制者才不会有灾祸。

【解义】

知道自己的上司是喜欢光荣显耀的领导人，在取得功绩的情况下要安守屈辱，即将一切过错归于自己，将主要功绩归属于在上之君，并且言行谦卑、愿为功绩的最低层。能为功绩的最低层，说明为臣的谦卑居

73

下之德，足以达到能够让自己顺利成长的境界。这样为臣可心甘情愿地回归到其君所期望的质朴本色，即无功绩的状态。随着本色的不断扩散、实施，为臣可成长为德才兼备的人才。在得到其君的重用时可担任统率，成为其君事业上的重要幕僚。若能如此在大国控制者手下工作，才不会有灾祸。

【终述】

身为人臣要根据在上之君的特点，制定相应的行为规范，谨防由于盲目行动给自身带来灾祸。本章列举了三个例子，说明为臣的成功之德：

1. 在上之君是一个刚健的领导人时，为臣宜坚守柔顺。

2. 在上之君是一个正确的领导人时，为臣宜多请示，多汇报，竭尽全力开展工作，争取成为他人的学习榜样。

3. 在上之君是一个荣誉心非常强的领导人时，为臣宜不计名利得失、全力以赴为其君赢得荣誉。

因此身为人臣只有得到在上之君的充分信任时，才能得到其君的重用。得到其君的重用时，只有保持谦虚谨慎，才能避免受到在上之君的伤害。

第二十九章

论为君之德

【原文】

将欲取天下而为之，吾见其不得已。天下神器，不可为也。为者败之，执者失之。

【注释】

将：为，为了。

欲：想要。

取：获得，征服。

天下：国家。团队。

为：治，治理。

得：成，成功。

已：已甚，过分。

神器：神奇之物。

执：坚持。

【译文】

为了想要征服天下而治理天下，我看到的是不成于过分。天下是神奇之物，不可用过分的治理。过分的治理将会失败，坚持不变将会失去天下。

【解义】

领导人想通过运用手中的权力强迫下属实现自己的管理目标时，我所看到的结果是由于过分使用权力伤害了下属而导致失败。团队是一个神奇的东西，不可用过分的方法治理，过分的治理将会导致失败。领导人如果坚持过分的治理执意不改，将会失去团队成员对自己的信任和支持。

【原文】

故物或行或随，或歔或吹，或强或羸，或挫或隳，是以圣人去甚，去奢，去泰。

【注释】

物：人。

或：自己。又。

歔（xū）：哈气。指加温。

吹：吹气。指降温。

强：增强。增加。

羸（léi）：瘦弱。减少。

挫：压制。

隳（huī）：毁坏。

甚：过头。

奢：奢侈。

泰：骄纵。

【译文】

因此有人自己前行又迫使他人跟随；自己取暖又让他人寒冷；自己增加又让他人减少；自己压制又使他人毁坏。所以圣人消除过分，消除奢侈，消除骄纵。

【解义】

因此有：领导人强迫下属跟随自己前行，而让下属个人遭受损失；领导人自己为了取暖，而让下属遭受寒冷；领导人自己增加财富，而让下属变得贫穷；领导人利用职权压制下属，而让下属受到伤害。所以有

76

智慧的领导人为了不犯上述错误：能够主动消除做过分的事，避免给下属造成损失。能够主动消除追求奢侈，防止给下属带来寒冷、贫穷。能够主动消除骄横放纵、滥用职权，防止给下属造成伤害。

【终述】

导致领导人事业走向失败的三大缺陷：（1）强迫下属跟随自己前行，而让下属个人遭受损失。（2）为了个人的奢侈生活，而让下属变得寒冷与贫穷。（3）骄傲放纵滥用职权，给下属造成直接伤害。

所以为君的成功之德应是自我消除过分的强制管理，自我消除个人的奢侈生活和自我消除骄傲放纵、滥用职权。

第三十章

论胜后止战

【原文】

以道佐人主者，不以兵强天下。其事好还。师之所处，荆棘生焉。大军之后，必有凶年。善者果而已，不敢以取强。

【注释】

佐：辅助，帮助。

兵：战争。

强：强迫。

还：回报。

果：成果。

敢：可。

取：战胜，征服。

【译文】

用道辅助自己的领导人，不用战争强迫天下。穷兵黩武这种事容易得到报应。所战之处，荆棘丛生。大战之后，必是饥荒之年。善于处理战事的领导人有了成果也就停止了，不可用武力征服强者。

【解义】

做事有道的领导人，从来不用武力征服天下。因为采用武力征服天下时，在伤害对方的同时，自己也容易受到对方的伤害。征战之处，由于良田无人耕种，将会杂草丛生。大战之后，必是饥荒之年。因此善于处理战事的领导人做事有度，在对外不得不用武力征伐的情况下，一旦

78

战争的预期目标达到之后，也就主动停止征伐了。不可在没有限度的情况下，用武力征服顽强抵抗的对手。

【原文】

果而勿矜，果而勿伐，果而勿骄。果而不得已，果而勿强。物壮则老，是谓不道，不道早已。

【注释】

矜：自大。

伐：自夸。

骄：骄纵。

物：人。指领导人。

老：寿终。

已：废止。消亡。

【译文】

有了成果不自大，有了成果不自夸，有了成果不骄纵。有了成果是迫不得已，有了成果不强横。事物强壮之后则会寿终，这叫不合道。不合道过早消亡。

【解义】

当征伐取得胜利达到预期的目标之后，为了顺利地退出战事，对已经取得的战果应做到：不因获胜而自大。不因获胜而炫耀。不因获胜而骄纵。获胜是迫不得已，因此获胜不应强横无礼、蔑视对方。领导人一旦强横，将会导致战争重现，停战将会结束。因为强横不符合停战之道。不符合停战之道，停战之事则会过早消亡。

【终述】

对外征伐是一种解决问题的方法。但是在征伐的过程中，即使打了胜仗，也将伤敌一万、自损三千（见第五十章）。同时由于战争的破坏，所战之处必然是杂草丛生。因此大战之后，必是饥荒之年，于人于己均有不利。所以应尽量避免战争的发生。在不得不战的情况下，当战争的目的实现之后，应立即停止征战，这样可减少自己的损失。特别是遇到顽强抵抗的对手，更要如此。由于征伐是不得已而为之，因此取得成果之后应不自大、不自夸、不骄纵、不强横，防止由于不能顺利退出战争，给自己造成额外损失。所以领导人在征伐、止战的过程中，做事要合道，不合道之事则过早消亡。

第三十一章

论胜后丧祭

【原文】

夫佳兵者，不祥之器，物或恶之，故有道者不处。君子居则贵左，用兵则贵右。兵者不祥之器，非君子之器，不得已而用之，恬淡为上。

【注释】

夫：语气词。

佳：好。

物：众人，人们。

或：语气词。

处：立身。

居：镇守。

左：古时左为文。指文治，意指不战而胜。

右：古时右为武。指武功，意指以战制胜。

恬淡：淡泊寡欲。

【译文】

好的战争也是不祥之物，人们都厌恶它。因此有道的人不以此立身。领导人镇守时重视文治，战争时重视武功。战争是不祥之物，不是君子使用的东西，只有在不得已时才用它。最好是用淡泊的态度处之。

【解义】

即使对自己有好处而发动的战争，也不是吉祥的事，也会给人们带来痛苦和灾难，所以人们都厌恶战争。因此有道的领导人，都不以战争成就自身的功业。领导人在镇守一方时，对外交往应重视文治，即尽全力避免发生战争，争取不战而成的功绩。在对外不得不战时，应重视武功，争取以战制胜的功绩。由于战争给人们带来痛苦与灾难，因此有道的领导人通常不会主动发起战争。只有在迫不得已的情况下，才会运用战争解决问题。在对外交往的过程中，防止战争最好的方法是淡泊名利、减少欲望。这样可有效避免战争的发生。

【原文】

胜而不美，而美之者，是乐杀人。夫乐杀人者，则不可以得志于天下矣！吉事尚左，凶事尚右。偏将军居左，上将军居右，言以丧礼处之。杀人之众，以哀悲泣之；战胜，以丧礼处之。

【注释】

偏：辅佐。偏将军：指辅佐的文官。

上：向前。上将军：向前冲锋的武官。指辅佐的武官。

丧礼：丧事。

【译文】

胜利了也不是好事，把胜利当作好事的人，是以杀人为乐。以杀人为乐的人，则不可能得到天下之人的拥护啊！战时的吉事是推崇文治。战时的凶事是推崇武功。辅佐的文官守文治，辅佐的武官守武功。它告诉人们要按丧事处理。杀人众多，应以悲哀泣诉对待。打胜了，要按照丧事的方法处理后事。

【解义】

战争获得胜利之后，领导人也不要认为是值得庆贺的好事。因为把胜利当作好事的人，是把杀人当作快乐的事。凡是以杀人为乐的人，是不可能得到天下之人的真心拥护啊！原因是他不珍惜人们的生命，没有体会到自身伤残或失去亲人的痛苦。战时的吉事是推行文治，即不用战争解决问题。战时的凶事是推行武功，即依靠战争解决问题。辅佐的文官要守文治，争取不战而成的功绩。辅佐的武官要守武功，争取以武力取胜的功绩。战争是凶事，它告诉人们以武力取胜后，一定要按照丧事的方法处理好后事。因为这种成功是人们用鲜血和生命换来的。由于死伤众多，所以领导人应以悲哀、泣诉的方法，祭奠死去的人们。

【终述】

战争是双方相互残杀的不祥之物，有道的领导人会尽全力避免战争，也不以战争成名立威。双方交战是不得已而为之，但是不战而屈人之兵是战胜对方的最好选择，可最大限度地减少自己的损失。止战的方法是领导人加强自身的修养，即淡泊名利、减少欲望，控制情绪不因怒而兴兵。由于战争是凶事，因此取胜后，应及时祭奠死去的人们，并且安抚好其家属，这样才能安享成功给自己带来的福气。

第三十二章

论下达命令

【原文】

道常无名，朴虽小，天下莫能臣也。侯王若能守之，万物将自宾。天地相合，以降甘露，民莫之令而自均。

【注释】

朴：通"樸"。本性，本真。

守：遵守。

宾：归顺。

均：调节。

【译文】

道通常无名，其本性虽然小，天下没人使它臣服。王侯若能遵守它，万物将自然归顺。天地相互配合因而降下甘露，人们没有接到命令而能自行调节。

【解义】

道通常没有名字，其本性虽然很小，既看不见又摸不着，但是天下没有人能够让它服从自己。领导人若能依道而行，人们都将自然归顺。天地相互配合默契，可自然降下雨露。领导与下属若能相互配合默契，不用下达严格的命令，下属自己也能主动按照其君的要求行事。

【原文】

始制有名，名亦既有，夫亦将知止，知止所以不殆。譬道之在天下，犹川谷之于江海。

【注释】

始：开始，事初。

制：规定。命令。

名：文字。

亦：也。不过，只是。

既：既然。

所以：王弼本为"可以"，按帛书本校为"所以"。

殆：危险。危害。

譬：比如。

【译文】

事初的命令有文字。文字命令既然已经有了，人们也将知止，知止所以不会有危险。比如道在天下运行时，好像川谷之水主动流向江海一样。

【解义】

在下属去完成重要任务之前，领导人要做的第一件事是及时下达明确的文字命令。当有文字命令之后，下属也就知道如何停止不当之行。能够自行停止不当之行，也就能够有效避免由于下属脱离正道、给领导人的事业造成重大损失的风险。这是通过命令让下属自己主动回归正道的结果。这就如同道在天下运行时，万物就像川谷中的水，自己主动流向江海一样。

【终述】

领导人的命令有下述特点：（1）领导人的命令要符合道的要求，符合道的命令，人们会主动地归顺与服从命令。（2）当领导人与下属配合默契时，领导人不用下达严格命令，下属也能主动调节自己的行为，使之符合其君的要求。（3）当安排下属去完成重要而复杂的任务之前，一定要有明确的文字命令，让下属知道什么事该做、什么事不该做；并且让下属能够自止不当之行，防止由于下属妄动，给领导人的事业造成重大损失。

总之，当领导人的命令符合道时，在领导人与下属配合默契的情况下，下属就会像川谷中的流水主动流向江海一样。即不用领导人采取任何措施，下属也能做到严格执行命令，并能主动调节自己的行为使之不脱离正道。

第三十三章

论久成之道

【原文】

知人者智，自知者明。胜人者有力，自胜者强。知足者富，强行者有志。不失其所者久，死而不亡者寿。

【注释】

智：智慧。

明：明智。

力：能力。

强：强大。

富：富有。

志：志向，目标。

所：所有。

亡：消亡。

寿：长久。

【译文】

识人者有智慧，识己者明智。战胜他人者有能力，战胜自己者强大。知道满足者富有，坚决前行者有志向。不失其所有者能久成，死而不亡者长久。

【解义】

能够深刻了解他人的人，是观察能力和判断能力都很强的人。能够深刻了解自己的人，是明白事理和有远见的人。能够战胜他人的人，是有实力和能力的人。能够战胜自己的人，是意志坚定和内心强大的人。能够自我满足的人，是不追求名利和内心富有的人。能够坚决前行之人，是有明确的目标和方向的人。不失去知人、知己、胜人、胜己、知足、有志的领导人，在事业上能够获得长久成功。如果在他去世之后，人们还能长期地怀念他，是他高尚的情操和所创建的功绩长久地铭刻在人们的心中。

【终述】

一个领导人若能具有知人、知己、胜人、胜己、知足、有志的良好素质，则具备了在事业上获得长久成功的条件。领导人若能一心为民，并取得卓越的功绩，使人们的生活发生了根本的转变，人们就会由衷地赞美和感谢他。即使他去世了，人们还会深深地怀念他，并将长久地活在人们的心中。

第三十四章

论久成之德

【原文】

大道氾兮，其可左右。万物恃之而生而不辞。功成不名有。衣养万物而不为主。

【注释】

氾（fàn）：通"泛"。广泛。

左右：支配，影响。

恃：依赖，依仗。

辞：推辞。

功：功业。

成：成名。犹"盛名。"

名：称，说。

衣养：养育。

【译文】

大道广泛啊，其可支配（万物）。万物依赖它而生长而它不推辞。功业有了盛名从不称自己有功绩。它养育了万物而不为其主。

【解义】

大道广泛地存在于万物之中啊，它可直接支配万物的成长变化。万物依靠道生存与发展，而道却从不推辞任何事物对自己的依赖。它成就了万物，当万物取得盛名时，它从不表明是自己的功绩。它养育了万物，当万物都顺利成长壮大时，它从不做万物的主人。

【原文】

常无欲，可名于小。万物归焉而不为主，可名为大。以其终不自为大，故能成其大。

【译文】

常以无欲观道，可称之为小。万物归附于道而不为其主，可称之为大。因为其始终不自以为大，所以能成就其大。

【解义】

人们常以无欲开始考察看不见、摸不着的道，因此可称之为小。天下万物最终都回归于道，可道从来不以万物的主人自居，因此可称之为大。由于道向万物的无限扩展，并且始终不自以为大，说明道始终不满足于现有的大。因为不满足现有的大，所以最终成就了道之大。

【终述】

本章名义上说道，而实际上讲的是领导人获得事业长久成功所应具备的品德。道的"成就万物不争其功、养育万物不为其主、自以为小不以为大"等特点，就是领导人获得长久成功所应具备的品德。由于道是成功的规律，所以领导人若要获得事业成功，就要依道修德、依道行事。

第三十五章

论执政有道

【原文】

执大象，天下往。往而不害，安平太。乐与饵，过客止。道之出口，淡乎其无味，视之不足见，听之不足闻，用之不足既。

【注释】

象：意指道。

往（wàng）：归附。

安平太：安全、太平、富裕。

饵：美食。

既：尽。

【译文】

坚守大道之人，天下归附于他。归附而不受伤害，可安全、太平、富裕。音乐与美食，可让行人止步。出口说道，平淡无味，看也看不见，听也听不到，但是用它时却永远用不尽。

【解义】

坚守大道的领导人在掌管大权时，由于其得人心、天下之人都愿意归附于他。因为归附之后，可免除自身利益受到伤害，并且还能过上安全、太平、富裕的生活。一个地方如果有好听的音乐或好吃的美食，在大多数情况下，都会令过往的行人止步。但是传道却与此不同。因为道说出来平淡无味，并且看又看不到，听也听不着，因此在大多数情况下，人们对道并不感兴趣。当有志的领导人运用道治理天下时，你会发现，天下因此会变得越来越好，并且永无止境。

【终述】

一个领导人执政是否有道，可观其治理是否达到以下效果：（1）人们的利益不受损害。（2）人们的人身安全有保障。（3）社会安宁、没有动乱。（4）人们过上富裕、美满的生活。

第三十六章

论隐蔽谋略

【原文】

将欲歙之，必固张之；将欲弱之，必固强之；将欲废之，必固兴之；将欲夺之，必固与之。是谓微明，柔弱胜刚强。鱼不可脱于渊，国之利器不可以示人。

【注释】

歙（xī）：收敛。

固：通"姑"。姑且，暂时。

张：扩张。

微：隐蔽。

【译文】

要想收敛他，必先暂时扩张他；要想削弱他，必先暂时巩固他；要想废除他，必先暂时兴盛他；要想夺取他，必先暂时给予他。这是隐蔽的贤明，是以柔弱战胜刚强。鱼不可脱离深水，国家的利器不可让人知道。

【解义】

在与对手的交往中，领导人要有克敌制胜的利器，以保证在与对手的争斗中获胜。例如要想让他收敛，就必须让其暂时自我膨胀；要想削弱他的实力，就必须暂时巩固他的实力；要想彻底废除他的势力，就必须暂时兴盛他的势力；要想夺取他的名利，就必须暂时给他名利。这些都是以柔胜刚的隐蔽斗争谋略。大鱼只有在水中深藏不露，才能防止被人发现。所以上述克敌制胜的利器，不可让自己的对手知道。因为这些谋略只有在隐蔽实施的情况下，才能获得最终成功。

【终述】

欲擒故纵、以弱胜强是有道的领导人遇到强敌时的斗争策略，是克敌制胜的法宝。例如若要对方收敛，必先让其膨胀；若要削弱对方，必先让其巩固；若要废除对方，必先让其兴盛。若要夺取对方的名利，必先给其名利。这些都是隐蔽斗争的谋略，在实施的过程中要严格保密，否则难以奏效。

第三十七章

论天下安宁

【原文】

道常无为而无不为。侯王若能守之，万物将自化。化而欲作，吾将镇之以无名之朴。无名之朴，夫亦将无欲。不欲以静，天下将自定。

【注释】

无为：道的无为，指道被领导人运用之前的状态。道的无所不为，指道在领导人获得事业成功的过程中所发挥的作用。

守：持守。

化：改变。

作：兴起。

镇：压制。

无名之朴：指纯朴的道。

【译文】

道的常态是无为但又无所不为。领导人若能持守道，万物将自己改变。改变是欲望兴起的结果。我将用纯朴的道压制欲望。欲望被压制后，你也将无欲。无欲可以平静，平静天下将自己安定。

【解义】

道如同人们行走的道路，有的路通向成功，有的路通向失败。所以领导人的成功或失败与自己选择走什么路有关，而与道路本身无关。因此对道本身而言，在被领导人运用之前始终处于一种无为的状态，即道的常态是无为。由于道是成功的规律，所以它又存于领导人的所有事业之中，并决定其成败，即合于道者成，不合道者败。因此道对于领导人的事业能否成功而言，则是无不为。领导人若能坚守成功之道，其事业将会自动地向成功方向发展。所有这些发展是下属个人欲望兴起之后，不断得到满足的结果。领导者的个人私欲，可以用纯朴的道来降伏它。以道降伏私欲之后，你将进入无私欲的状态。当领导人无私欲时，则能充分满足下属的欲望。下属若有满足感，人心也就平静了。人心平静了，天下自身也就安定了。

【终述】

欲望是人们行为的动力。下属的欲望可用于领导人成就自身的事业，而领导人的私欲可直接导致自身的事业走向衰亡。所以，领导人若要获得事业成功，则要采用满足下属个人欲望的方法，推动自身事业向前发展，同时又必须用道降伏领导者个人的私欲。若能如此，则能消除内部动乱，天下因此也将变得和谐、安宁了。

第三十八章

论政乱之源

【原文】

上德不德，是以有德；下德不失德，是以无德。上德无为而无以为；下德为之而有以为。上仁为之而无以为，上义为之而有以为。上礼为之而莫之应，则攘臂而扔之。

【注释】

上：上等。

下：下等。

失：放弃。

无为：上德无为，指上等有德之人，对外不表现自己有德。

无以为：不认为。

仁：仁爱。

义：情义。

礼：礼仪。

攘臂：捋袖露臂。表示愤怒。

扔：强力拉拽。

【译文】

上等有德不表现其德，因为有德。下等有德不放弃德，因为无德。上等有德不表现德而不认为有德，下等有德表现德而认为有德。上等的仁爱表现出仁爱而不认为有仁爱，上等的情义表现出情义而认为有情义。上等的礼仪表现出礼仪而没有回应时，则捋袖露臂、强行拉拽。

【解义】

有上德的领导人从不表现其德，这是因为自己有德。有下德的领导人从不放弃表现其德，这是因为自己无德。有上德的领导人从不表现自己的德，是因为他从不认为自己有德。有下德的领导人全力表现自己的德，是因为他一直认为自己有德。有上等仁爱的领导人对下表现仁爱，从不认为自己有仁爱，认为是自己职责所在。有上等情义的领导人对下表现情义，从不认为自己没有情义，而让下属认为自己有情有义。持上等礼仪的领导人以礼仪待人，当没有回应时，就表现出非常愤怒，想将对方强行拉到自己的礼仪之中。由此可知，当领导人刻意表现自己有德、有仁、有义、有礼时，其自身已经无道了。

【原文】

故失道而后德，失德而后仁，失仁而后义，失义而后礼。夫礼者，忠信之薄而乱之首。前识者，道之华而愚之始。是以大丈夫处其厚，不居其薄；处其实，不居其华。故去彼取此。

【注释】

薄：少，缺少。

首：首恶，祸首。

前识者：以前有见识的人。

而乱之首：而为代词。指忠信之薄。

道之华：道为动词。说，讲。之为代词。指礼仪。

华：浮华。华而不实。

愚：愚昧。

处：施行。

【译文】

因此放弃了道而后德出现了，放弃了德而后仁爱出现了，放弃仁爱而后情义出现了，放弃了情义而后礼仪出现了。其礼仪是缺少忠信的产物，缺少忠信才是政乱的祸首。以前有见识的人，讲的礼仪华而不实而是愚昧的开始。所以有志之人施行忠信之厚，而不施行忠信之薄，施行朴实，而不施行华而不实。因此可根据上述取舍了。

【解义】

因此当天下无道时，规范无道的德也就出现了。当天下无德时，规范无德的仁爱也就出现了。当天下无仁爱时，规范无仁爱的情义也就出现了。当天下无情义时，规范天下的礼仪也就出现了。礼仪的出现是缺少忠信的产物，没有忠信才是政乱的罪魁祸首，而礼仪则掩盖了缺少忠信的情况。以前有见识的人，想用推行礼仪的方法，治理由于缺少忠信而产生的政乱。其说法虽然华丽，但并不实用，不能解决根本问题。这种想法对治理政乱而言，是愚昧无知的开始。因此有志的领导人在治理政乱时，致力于如何提高下属的忠信度，而不是减少下属的忠信度。致力于实实在在地解决缺少忠信的问题，而不是制定一些华丽的礼仪，让下属表面卑躬屈膝服从，内心却没有任何改变的愚昧做法。因此，有志的领导人应如何取舍就非常清楚了。

【终述】

任何政乱的出现，都有其出现的原因。领导人若要治理政乱就要从源头入手，才能真正解决问题。如果仅从表面的现象入手，针对不良现象治理不良现象，其最终的结果是治标未治本。因为未治本，所以不良现象将会层出不穷。例如无道生德，无德生仁，无仁生义，无义生礼。若是治理无道、无德、无仁、无义，将会此伏彼起、治理不断，均不能彻底解决问题。最有效的方法是从本源入手，即从领导人坚守正道入手治理政乱。领导人若能坚守正道，就可有效避免在执政过程中出现的各种政乱。

第三十九章

论为君之本

【原文】

昔之得一者：天得一以清，地得一以宁，神得一以灵，谷得一以盈，万物得一以生，侯王得一以为天下贞。

【注释】

昔：往日，从前。

得一：意指得道。

贞：正。

【译文】

往日得道者如下：上天得道因而清明，大地得道因而安宁，神灵得道因而显灵，河谷得道因而充盈，万物得道因而生育，侯王得道因而天下正。

【解义】

自古以来得道的事物都有好结果。例如：上天有道时，则会清澈明朗；大地有道时，则会安定宁静；神灵有道时，则会显示灵验；河谷有道时，河水则会充足；万物有道时，则会繁衍生息；领导人有道时，天下则会充满正气。

【原文】

其致之，天无以清将恐裂；地无以宁将恐发；神无以灵将恐歇；谷无以盈将恐竭；万物无以生将恐灭；侯王无以贵高将恐蹶。

【注释】

致：给与，给予。

发：震动。

歇：尽。消失。

竭：干涸。

高：高节，高尚节操。指坚守正道。

蹶（jué）：灭亡。

【译文】

其给予的结论是：天在不清的时候将会崩裂；地在不宁的时候将会震动；神在不灵的时候将会消失；谷在不盈的时候将会干涸；万物在不生的时候将会灭绝；侯王在不重视高节的情况下，最终将恐灭亡。

【解义】

上述内容给出的结论是：天在不清明的时候，将会发生崩裂的情况。地在不安宁的时候，将会发生地震的情况。神在不灵的时候，将会发生消失的情况。山谷在不充盈的时候，将会发生干涸的情况。万物在不生育的时候，将会出现灭绝的情况。领导人在不重视自身坚守正道的情况下，虽然暂时显赫高贵，但是由于民众的坚决抵制，最终将会伴随恐惧而走向灭亡。

【原文】

故贵以贱为本，高以下为基。是以侯王自谓孤、寡、不毂。此非以贱为本邪？非乎？故致数舆无舆，不欲琭琭如玉，珞珞如石。

【注释】

孤：孤独。指无助。

寡：少。指少德。

毂：善。不毂：不善。指无德。

致：导致。

舆：大车。

璖：外表润洁的石头。

珞：外表粗糙的石头。

【译文】

所以贵以贱为根本，高以下为根基。因此侯王们自称孤（无助）、寡（少德）、不榖（无德）。这不就是以贱为根本吗？不是吗？所以导致数辆大车出行，变成无车出行。不要求像润泽华丽的玉石，而像粗糙的原石。

【解义】

所以高贵的人是以低贱的人为根本，即没有低贱就不会有高贵。高高在上的领导人，是以在下的普通民众为根基，即没有普通民众就不会有高高在上的领导人。所以古代的侯王以孤、寡、不榖自称，即以无助、少德、无德自称。这不正是贵以贱为根本吗？难道不是吗？因此导致古代有志侯王以数量众多的大车浩荡出行以显示自己的富有和权势，改变为不用大车出行，为了显示自己以低贱、亲民为根本。就像不追求美玉外表的润泽华丽，而追求原石的粗糙朴实一样。

【终述】

领导人若是有道，其自身的事业将会欣欣向荣、蒸蒸日上，最终会有好结果。如果无道，其自身的事业将会停滞不前，或每况愈下，最终不会有好结果。民众是领导人的成功之本。本强则事业强、本固则事业固。因此不断地强本、固本，是领导人走向成功的正道。

第四十章

论事业兴起

【原文】

反者道之动，弱者道之用。天下万物生于有，有生于无。

【译文】

事物走向反面说明道在运动；以弱小战胜强大说明道在发挥作用。天下万物产生于有，而有则生于无。

【解义】

领导人的事业走向反面的变化，即从弱小变成强大，或从强大变成弱小，是道的运动结果。领导人若是执政有道，事业将会不断进步，可以从弱小变成强大。领导人若是执政无道，事业将会不断退步，可从强大变成弱小。由此可知，这些走向反面的变化，是两种不同道运动的结果。一种是成功之道，使弱小变成了强大；另一种是失败之道，使强大变成了弱小。

领导人的事业能够以弱小战胜强大，是道在事业中的运用成果。领导人若是执政有道，即使开始很弱小，最终可以战胜强大的对手。领导人若是执政无道，即使开始很强大，最终将会败给弱小的对手。由此可知，弱小战胜强大是领导人正确运用道取得成功的结果。

天下的事业均起源于领导人的欲望，当领导人为了达到自己的目的，发起了有计划、有组织的特别行动时，天下的事业就开始出现了。因此领导人的欲望是天下事业之源，即领导人"有"了欲望之后，就有了天下的事业。这就是万物（事业）生于"有"的过程。

在领导人发起事业之前的无欲望状态下，由于某种原因刺激了领导人，使领导人产生了某种欲望，于是领导人发起了有计划、有组织的特别行动。这即是"有"欲望产生于"无"欲望、"有"事业产生于"无"事业的过程，即"有"生于"无"的过程。

【终述】

领导人的事业强弱、兴衰的相互转换，是道的运动结果。领导人的事业以小胜大或以弱胜强，是道的运用成果。领导人的事业产生于领导者本人的欲望。领导人的欲望产生于领导人想要得到的东西，目前是"无"的状态。领导人若要通过事业，以实现其"有"时，应注意首先要确定自己的目标及方向是否正确，其次行动要符合成功的规律。另外，事业在取得成功之前，若是以小胜大、以弱胜强时，更要充分发挥道的作用，以保证自身的事业最终能够获得成功。

第四十一章

论道的特点

【原文】

上士闻道，勤而行之；中士闻道，若存若亡；下士闻道，大笑之。不笑不足以为道。故建言有之：明道若昧，进道若退，夷道若纇。

【注释】

士：官吏通称。

建：立。

夷：平坦。

纇（lèi）：崎岖不平。

【译文】

上等官吏听了讲道后，勤奋践行。中等官吏听了讲道后，似有似无。下等官吏听了讲道后，大笑起来。不笑就不是道了。因此有立言说：明智的道好像愚笨，前进的道好像后退，平坦的道好像崎岖不平。

【解义】

有上等智慧的领导人，听了老师讲道之后，如获珍宝、勤奋践行。有中等智慧的领导人，听了老师讲道之后，如获璞玉、半信半疑。有下等智慧的领导人，听了老师讲道之后，认为其荒唐可笑并讥讽嘲笑。道如果不被下等人讥讽嘲笑，那就不是道了，因为道往往是超出了常人的想象。因此前人曾立言说：让人们明智的道，看起来好像让人们愚笨一样；让人们前进的道，看起来好像让人们后退一样；让人们平坦易行的道，看起来好像让人们崎岖难行一样。所以有下等智慧的人讥讽嘲笑道，是正常现象。

【原文】

上德若谷，大白若辱，广德若不足，建德若偷，质真若渝，大方无隅，大器晚成，大音希声，大象无形，道隐无名。夫唯道善贷且成。

【注释】

白：廉洁贞清。廉洁清正。廉正。

辱：耻辱。

建：通"健"，强健。

偷：怠惰。

质真：质朴纯真。

渝：改变。改正。

隅：角。

晚：帛书本中为"免"，据上下文疑借字。因此仍保留"晚"字。

希：少。希声：无法听辨之声。

象：形象，形状。

贷：借债。意指给予。

【译文】

最高的德好像在谷底，最廉正的德好像是耻辱，广大的德好像是不足，强健的德好像是怠惰，质朴纯真的德好像是改变，最大的方形好像无角，最大器具最晚制成，最大声音无法听辨，最大形象看不到形状。道隐藏而不能为它命名。只有道善于给予和善于成功。

【解义】

最高的德是告诉人们在领导岗位上，如何谦虚谨慎、平易近人，就像普通人一样。最廉正的德是告诉人们在领导岗位上，如何不谋私利，对以权谋私的人来说，就像是因愚笨带来的耻辱一样。最广大的德是告诉人们在领导岗位上，如何日新其德，就像永远存在不足一样。最强健的德是告诉人们在领导岗位上，如何不争个人名利，就像是懒惰一样。最质朴纯真的德是告诉人们在领导岗位上，如何不固执己见、有错能及时改正，就像是没有主见一样。在日常的生活中：最大的方形，由于看不到边角，所以常人不认为其是方形。最大器具，由于制造周期过于漫长看不到尽头，所以常人不认为其在制器。最大声音，由于传导广泛而悠远，人们无法在现场用听觉识别它的大小，所以常人不认为其声音大。最大形状，由于看不到它的全貌，所以常人不认为其有形状。因此最大的方形、器具、声音、形状均不依赖于人们的感觉器官而存在，常人是无法知晓的。这一点与道相同。道的发现是深入思考的结果，是人们大脑中的产物，所以依靠人们的感觉器官无法识别道的存在。另外道隐藏在一切事物之中，人们无法逐个为它命名。但是它的特点是善于资助万物成长，而不向万物索取；善于帮助万物成功，而不求万物回报。

【终述】

道的特点之一是隐藏在一切事物中，其表现通常又与人们看到的现象相反。例如：明智的道好像是愚昧、前进的道好像是后退、平坦易行的道好像崎岖难行。道的特点之二是资助万物成长、帮助万物走向成功，并且不向万物索取、也不求万物的回报。道的特点之三是人们无法用感觉器官识别道的存在。因为它看不见、摸不着、听不到。

所以持下等智慧的人，因其不能理解而讥笑行道之人。但是只有依道而行，领导人才能确保自身的事业能够顺利走向成功。

第四十二章

论为君自损

【原文】

道生一，一生二，二生三，三生万物。万物负阴而抱阳，冲气以为和。人之所恶，唯孤、寡、不穀，而王公以为称。

【注释】

冲：对立。

以为：作为。

和：和谐统一。

孤：孤单。无助。

寡：缺少。少德。

不穀：不善。无德。

【译文】

道可以生一，一可以生二，二可以生三，三可以生万物。万物都背负着阴而怀抱着阳，两者相冲作为和谐统一。人们所厌恶的唯有孤、寡、不穀，而王公却以这些自称。

【解义】

当领导人依道而行，在事业上取得第一次成功时，则称之为"道生一"；当在第一次成功的基础上，依道而行取得第二次成功时，则称之为"一生二"；当在第二次成功的基础上，依道而行取得第三次成功时，则称之为"二生三"；当依道而行取得第三次成功之后，说明领导人已经掌握了用道做事成功的规律，因此也就能够运用道做好所有的事了。这即是"三生万物"。一切事物都是由阴阳两个对立面构成的，这两个对立面既相互斗争，又是一个和谐统一的整体。例如：一项事业的成（阳）与败（阴），一件事的好（阳）与坏（阴）。在一定的条件下，成与败以及好与坏均可相互转化，这是相互斗争的结果。同时成与败、好与坏又以"你中有我、我中有你"的方式共同存在于同一事物之中。这是和谐统一的结果。所以古时的王公均以人们所厌恶的孤（无助）、寡（少德）、不穀（无德）自称。其目的是时刻提醒自己，不要在鼎盛时期让自己变成无助、少德、无德之人。这是用自损的方法，防止因为自己言行不当葬送自身的事业。

【原文】

故物或损之而益，或益之而损。人之所教，我亦教之。强梁者不得其死，吾将以为教父。

【注释】

强梁：强横。

得：得当。

父：通"甫"。始，开始。

教父：教育的开始。

【译文】

因此事物或因受损而受益、或因受益而受损。别人所教，我也用于教人，强横的人不得当则死，我将此作为教育的开始。

【解义】

因此领导人的事业，或因自己遭受损失而从中受益，或因自己受益而从中受损。例如，领导人以牺牲自己的利益提高下属的收益，自身的事业将会因此上升，从中受益。反之则会下降，从中受损。有人曾经教我一句格言，现在我也用它教育别人：以强硬蛮横的方式处理事务的领导人，最终因为其言行不当，而走向灭亡。这是教人如何学道、用道的开始，领导人若能以此为师，将会受益终身。

【终述】

领导人若要获得自身事业的成功，不但要依道而行、还要做到不以强横的方式为人处事，同时还应做好以下两件事：（1）要自损让名。不与他人争名，则能赢得人们的信任和支持。（2）要自损让利。不与他人争利则能得人心，得人心者得天下。

第四十三章

论以柔待刚

【原文】

天下之至柔，驰骋天下之至坚。无有入无间，吾是以知无为之有益。不言之教，无为之益，天下希及之。

【注释】

驰骋：纵马奔驰。意指自由往来。

坚：刚强。

间（jiàn）：弊病，失误。

无为：在刚强之下的无为，指不采用生硬、对抗的方法应对刚强。

希：少。

【译文】

天下的最柔，可自由往来于天下的最坚之中。没有可进入无弊病的状态。我因此知道了无为的好处。无语言的教化、无为的好处，天下少有人能达到。

【解义】

天下的领导人倘若采用最柔的方法，可在天下最刚强的条件下自由往来。例如，在领导人最强硬的管理下，下属若采用最柔的方法，则可自由往来。又例如，对待最强硬的下属，若能以最柔的方法对待他，则可实现自由地指挥他。因此在上述条件下，由于没有产生对抗的行为，就可进入没有弊病的自由状态。因此我是从知道采用最柔的方法也能达到目的之后，进而知道了不采用对抗的方法应对刚强所能给自己带来的好处。所以领导人在不采用严厉的语言教化、不采用强硬手段的情况下，也可以达到自由往来效果。但是天下的管理者很少有人能够做到这一点。

【终述】

无论下属遇到刚强的上司，或者上司遇到刚强的下属，都可采用以柔待刚的方法应对，这样可以避免因对抗带来的弊病，并能有效防止自己前行受阻。例如面对强硬的下属，领导人在工作中能够达到自由指挥的效果，说明管理者采用了更高明的方法领导下属。又例如面对强硬的上司，下属在工作中能够达到自由往来的效果，说明其下属采用了更高明的方法应对来自上司的压力。由于这些方法的重要性，尚未被大多数人所认知，因此很少有人能够达到这一境界。

第四十四章

论职业长久

【原文】

名与身孰亲？身与货孰多？得与亡孰病？是故甚爱必大费，多藏必厚亡。知足不辱，知止不殆，可以长久。

【注释】

身：生命。意指领导人的职业生涯。

亲：爱。

多：重要。

病：损害，伤害。

费：损耗。

辱：耻辱。

殆：危险。

【译文】

名誉与生命更爱哪一个？生命与财物哪个更重要？得到与失去哪一个伤害更大？因此过分的喜爱必有大损耗，多收藏必因多而灭亡。知足者不会有耻辱，知止者不会有危险，可以长久。

【解义】

对于一个领导人而言，个人的名誉与中断职业生涯相比，你更爱哪一个？中断职业生涯与个人的财物相比，哪一个更重要？得到自己想要的东西与中断职业生涯相比，哪一个伤害更大？因此一个领导人利用职权，过分地追求实现个人的私欲，必然要付出沉重的代价。所以，领导人为了个人不择手段、无休止地争名夺利，最终将因名利过多而走上职业毁灭。由于知足者不奢望得到过多的名利，最终也不会因名利过多而受辱。知道过分追逐个人名利是一种过错时，领导人若能自止不当之行，前行就不会有危险；并且其个人的职业生涯，也将获得长久发展。

【终述】

一个领导人树立正确的价值观，是自身事业能够长久发展的基础。如果领导人一心为了追逐个人名利而工作，甚至不择手段不惜伤害他人及社会，最终将因自身的名利过多而自毁前程。如果一个领导人一心为了自身的事业更加完美，不计得失、长期坚持不懈地努力奋斗，并且充分享受这一过程给自己带来的成功与快乐；最终其自身的事业，也因自己坚持不懈的努力奋斗而走向辉煌。与此同时，其自身的职业生涯也将获得长久发展。因此领导人的价值观决定了领导人的未来。

第四十五章

论成功之静

大成若缺，其用不弊。大盈若冲，其用不穷。大直若屈，大巧若拙，大辩若讷。躁胜寒，静胜热。清静为天下正。

【注释】

缺：残缺。

弊：弊病，毛病。

盈：增长，发展。

冲：虚。不足。

直：正。

屈：不正。

巧：技巧。

辩：聪明。

讷：迟钝。愚钝。

躁：躁动。

寒：冷。指冷静。

静：安静，冷静。

热：热烈，兴奋激动。指躁动。

【译文】

有大成功时像有残缺，用此法没有弊病。有大发展时像有不足，用此法可无穷。大正的人好像不正，大巧的人好像笨拙，大聪明的人好像愚钝。躁动可胜冷静，冷静也可胜躁动。冷静是为了走天下正道。

【解义】

领导人面对自身事业有大成时，若能像有残缺一样冷静反思其中的不足，并能认真总结经验、吸取教训，其目的是把以后的事做得更好；以此方法做事，可使自身的事业变得更加完美没有弊病。领导人面对自身的事业有大发展时，若能像有欠缺一样冷静反思其中不足，并能认真总结经验、吸取教训，其目的是保证以后能够持续发展；以此方法做事，可使自身的事业发展不断没有穷尽。

领导人依靠大正取得成功时，要能冷静地看到自身的不正。领导人依靠大技巧取得成功时，要能冷静地看到自身的笨拙。领导人依靠大聪明取得成功时，要能冷静地看到自身的愚钝。

成功者的躁动，可使自己变得不冷静。成功者的冷静，可使自己不因成功而躁动。领导人若能在事业成功的情况下冷静面对成功，是为了走天下的正道，是为了自己以后能够获得更长久的成功。

【终述】

事业获得成功，可以给领导人带来喜悦和自豪。如果不能冷静面对成功，可使领导人变得狂妄自大、胆大妄为，并为以后的失败种下祸根。因此面对成功，领导人要冷静地反思其中的不足并能认真总结经验、吸取教训，为以后的成功奠定基础。只有如此，才能获得自身更长久的发展与成功。

第四十六章

论战争起因

【原文】

天下有道，却走马以粪；天下无道，戎马生于郊。祸莫大于不知足，咎莫大于欲得。故知足之足，常足矣。

【注释】

却：返，返回。

走马：驰马，快马。指战马。

粪：施肥。

常：永恒的。永远不变的。

【译文】

天下太平时，返回战马的粪便用于施肥。天下战乱时，怀孕的战马产子于郊外。没有比不知足更大的灾祸了，没有比得到的欲望更大的过错了。因此知足者的满足，是永远不变的满足啊！

【解义】

在天下太平没有战事的情况下，被征用的战马都返回到牧场或农舍，其粪便则用于农田施肥，其用途是运输工具或干农活。在天下处于战乱的情况下，所有的马匹都被征用，就连怀孕的母马也不能例外，并将小马驹产于郊外的战场。战争同时也严重地影响了人们的正常生产与生活。由此可见，战争对人、对物构成了多大的伤害啊！人世间所有的战争，无非是由以下两种原因引发的：（1）战争的发起者不满足于现状，想通过战争改变现状。这是人世间最大的灾祸。（2）战争的发起者在欲望的驱使下，想通过战争实现自己的愿望。这是人世间最大的过错。因此，领导人若要避免灾祸、避免过错，应学会控制自己的欲望、学会知足。只有永远不变的满足，才能真正远离战争、才能有效避免灾祸和过错的发生。

【终述】

战争的起因主要有两种：（1）战争发起人为了改变现状。（2）战争发起人为了实现自己的欲望。

由此可知，领导人若要避免战争，就要学会知足、学会控制欲望。只有永远不变的满足，才能有效防止战争的发生。

第四十七章

论情报工作

【原文】

不出户，知天下。不窥牖，见天道。其出弥远，其知弥少。是以圣人不行而知，不见而名，不为而成。

【注释】

牖：窗户。

见：知道。

名：通"明"。明白，懂得。

【译文】

不出房门，就知道天下事情。不看窗外，就知道季节变化。出门越远，知道越少。所以圣人不出行就知道，不看见就明白，不去做就成功。

【解义】

战争发生之前，领导人应做好情报的收集工作。要做到自己不出房门，就知道对手的情况；自己不去查看对手，就知道对手变化的原因。若能如此，则能有效地掌控战争的主动权。领导人的职责是组织情报的收集、整理与分析，而不是自己亲自动手获取情报。假如自己动手获取情报，外出越远花费的时间越多，与建立情报网相比，其收获就越少。因此建立有效的情报网，是领导人获得情报的有效手段。所以有智慧的领导人，不用自己出行，就知道对手的情况；不用自己查看，就知道对手变化的原因；不用自己动手，就可成功获得自己所需要的情报。

【终述】

战争的最佳效果是以最小的损失，获得最大的成功。情报是实现这一目标的重要保证、是领导人的决策依据。因此建立有效的情报网，是领导人获胜的关键。有效情报网的特点是：（1）领导人不用出门，就知道对手的情况。（2）领导人不用亲自查看，就知道对手变化的原因。（3）领导人不用亲自动手，就可成功获得自己需要的情报。

第四十八章

论夺取天下

【原文】

为学日益，为道日损。损之又损，以至于无为。无为而无不为。取天下常以无事，及其有事，不足以取天下。

【注释】

为：学习。

学：学问，知识。

益：增长。

损：减少。

无为：学道无为，指不刻意用道约束自己。

【译文】

学习知识要每天有增长，学习道要每天有减少。减少再减少，达到无为。无为而无所不为。夺取天下常以无事为标准，如果有事，则不可以夺取得天下。

【解义】

领导人若要提高自身的学识，需要每天学习、不断提高。领导人若要以道规范自身的行为，需要每天减少不合道的言行。随着不合道的言行不断减少，最终实现领导人的自身言行均符合道。此时就不必用道刻意约束自己了，这即是"无为"的状态。不刻意用道约束自己，说明领导人的所有言行均没有脱离道，这即是"无所不为"的状态。领导人能否夺取天下，通常以下属不给自己制造事端为标准。如果下属经常给自己找麻烦，说明这样的领导人没有得到下属的真心支持与拥护。没有下属的真心支持和拥护，也就不可能成功率领众人夺取天下。

【终述】

领导人若要学道，就要用道规范自己的行为，并且要每天减少不合道的言行，使之最终达到自身的言行均符合道。倘若不再用道刻意约束自己，则是"无为"的状态。自己所有行为均不离道，则是"无所不为"的状态。领导人在夺取天下的过程中，自身的行为是否符合道，主要看下属是否能够积极支持与配合，并且不给领导人制造麻烦。当下属不支持、不配合，并且不断给领导人制造麻烦时，说明领导人已经脱离正道了。倘若脱离正道，领导人怎么能带领下属成功实现自己的奋斗目标呢？

第四十九章

论带兵之德

【原文】

圣人常无心，以百姓心为心。善者，吾善之；不善者，吾亦善之，德善。信者，吾信之；不信者，吾亦信之，德信。

【注释】

常：通常，常常。王弼本为"无常心"，按帛书本校为"常（恒）无心"。

百姓：指士兵的亲人。

【译文】

圣人通常无私心，而以百姓的心为自己的心。善良的人我以善良之心待他，不善良的人我也以善良之心待他，这是善良之德。守信的人我以诚信待他，不守信的人我也以诚信待他，这是诚信之德。

【解义】

有智慧的领导人在带兵打仗时，对待自己的士兵通常没有私心，而是以士兵亲人之心为自己的心。即关心士兵们的生死，就像关心自己亲人的生死一样。对待他们中的善良之人，能以善良之心对待他们。对待他们中的不善良之人，也能以善良之心对待他们，其目的是带领所有人为了实现既定目标共同奋斗。这样的领导人具有真正的善良之德。对待他们中的讲诚信之人，能以诚信对待他们。对待他们中的不讲诚信之人，也能以诚信对待他们。其目的是通过诚信赢得所有人对自己的信任，为了打造一支特别能战斗的团队，这样的领导人具有真正的诚信之德。

【原文】

圣人在天下歙歙，为天下浑其心。百姓皆注其耳目，圣人皆孩之。

【注释】

歙歙（xī）：无偏持。没有不公正的对抗。

浑：全。健全。

百姓皆注其耳目：王弼本无此句，根据下文按帛书本校增于此。

注：集中。

【译文】

圣人在夺取天下时没有偏持，为了夺取天下健全自己的心。百姓都将注意力集中到耳目，圣人对待所有人像婴儿一样。

【解义】

有智慧的领导人在带兵夺取天下时，不会因为自己处理问题不公正，从而导致团队内部产生对抗情绪。为了夺取天下获得成功，有智慧的领导人能主动消除自己的心理缺陷，防止由于自身言行不当，削弱团队战斗力。人们的注意力普遍放在自己听到了什么，或是看到了什么。所以有智慧的领导人在夺取天下时，对待自己的士兵就像对待婴儿一样，细心照料、精心呵护，最大限度地减少战争给他们带来的伤害。以此提高下属对自己的信任和支持。

【终述】

有智慧的领导人，带兵之德是：（1）善待所有的下属。（2）对所有下属讲诚信。（3）公正处理内部事务。（4）对下属要像对待婴儿一样，充满仁爱之心。（5）珍惜下属生命，就像珍惜自己亲人的生命一样。

第五十章

论战争决策

【原文】

出生入死。生之徒，十有三；死之徒，十有三；人之生，动之死地，亦十有三。夫何故？以其生生之厚。

【注释】

出生入死：冒着生命危险参加战斗。

徒：步兵。指参加战斗之人。

厚：多。强。

【译文】

冒着生命危险参加战斗。最终活下来的人，有十分之三。死亡的人，有十分之三。人们进入死地之后，能够死里逃生的人也是十分之三。这是为什么？这是由于人们为了生、其求生的欲望太强的原因。

【解义】

战争是人们冒着生命危险参加战斗。一场战争下来，失败的一方能够活下来的人员大约是十分之三；胜利的一方死亡人员大约是十分之三。战争期间，当领导人决定让团队进入死亡之地时，能够死里逃生的人，大约也是十分之三。这是为什么？这是由于人们不愿死，其求生的欲望太强的原因。由此可知，所有人在生死存亡之际，都在拼命与死亡抗争。因此领导人珍惜下属的生命，就应像珍惜自己亲人的生命一样。所以在战斗发生前领导人要慎重决策，防止由于决策失误给团队成员造成无谓的牺牲。并且要牢记"要以最少的牺牲，换取最大成功"的决策宗旨。这些是领导人如何避免由于自己决策失误，造成下属毫无价值地失去自己宝贵生命的有效措施。

【原文】

盖闻善摄生者，陆行不遇兕虎，入军不被甲兵。兕无所投其角，虎无所措其爪，兵无所容其刃。夫何故？以其无死地。

【注释】

盖：语气词。

摄生：保护生命。

兕（sì）：犀牛。

入军：进入战争。指行军打仗。

甲兵：袭击。

措：置，安放。

兵：战争，战斗。

容：通"庸"。用。

刃：兵器。

【译文】

据说善于保护生命之人，陆地行走不会遇到犀牛和猛虎，行军打仗不会被袭击。犀牛不知怎么用角，猛虎不知如何用爪，打仗对手不知如何用兵器。这是为什么？因为他没有进入死地。

【解义】

据说以前善于保护生命的人，在陆地行走时不会遇到犀牛和猛虎、在行军打仗时不会被袭击。犀牛为什么不能伤害他？因为他不给犀牛用角的机会。猛虎为什么不能伤害他？因为他不给猛虎用爪的机会。打仗为什么对手不知如何用兵器？因为他不给对手使用兵器的机会。这是为什么？因为他没有让自己的团队进入死亡之地、没有给对手创造伤害自己团队的机会。

【终述】

在战争中，领导人让自己的团队进入死亡之地，将会遭受重大损失；要么团队被全歼，要么活下来的人仅有十分之三。这是由于领导人决策失误所造成的严重后果。因此领导人在做重大决策时要慎之又慎，谨防由于决策失误给自己的团队造成不可挽回的损失；同时也不给对手创造任何成功的机会。

第五十一章

论益下之德

【原文】

道生之，德畜之，物刑之，势成之。是以万物莫不尊道而贵德。道之尊，德之贵，夫莫之命而常自然。

【注释】

畜：培养。

物：人，众人。

刑：成，成就。王弼本为"形"，按帛书本校为"刑"。

势：权势。

贵：重视。

【译文】

道的功能促进生长，德的功能是培养。人有成就了，权势也就有了。所以万物无不尊崇道而重视德。对道的尊崇，对德的重视，没有人下命令而通常是自然形成的结果。

【解义】

领导人学道、用道，可促进自身的事业成长壮大。领导人学德、修德，可培养自己能够长久获得成功。当领导人用道、修德获得事业成功之后，随之而来的权势也就有了。所以人们无不尊崇道，而重视德。人们对道的尊崇，对德的重视，是人们长期以来的经验总结。没有人下令要求人们尊崇道和重视德，通常是自然形成的结果。

【原文】

故道生之，德畜之；长之育之，亭之毒之，养之覆之。生而不有，为而不恃，长而不宰。是谓玄德。

【注释】

长：成长。

育：培养。

亭：亭育。抚育。

毒：役使。使用。

养：抚养，意指升职。

覆：覆没。意指免职。

为：帮助。

恃：依仗。

【译文】

因此道促进生长，德是培养。成长与培养，抚育与使用，升职与免职。生利而不占有，帮助而不依仗权势，增长而不宰割。称为深奥奇妙之德。

【解义】

因此领导人学道、用道，可促进自身的事业成长壮大。领导人学德、修德，可培养自己获得长久成功。领导人对待下属的成长，要用心培养教育；对下属培养教育获得功成之后要正确使用；要慎重处理下属的任职或免职。产生利益时，领导人要与下属共同分享，而不是独自占有。当下属在工作中碰到困难或者麻烦时，领导人要及时出手相助，而不是依仗权势采用强制命令的方法，迫使下属去完成超出自身能力范围的工作任务。当下属的收益增加时，领导人要确保收益增加的连续性，而不是通过制定新的措施，想方设法地削减下属的收益。这些是领导人获得事业长久成功的深奥奇妙的益下之德。

【终述】

领导人深奥奇妙的益下之德如下：（1）认真培养、教育下属。（2）慎重处理下属任职、免职。（3）有利益与下属分享。（4）真诚地帮助下属解决问题。（5）不与下属争名夺利。（6）下属利益增长时，不设法削减。

第五十二章

论言行合道

【原文】
天下有始，以为天下母。既得其母，以知其子；既知其子，复守其母，没身不殆。塞其兑，闭其门，终身不勤。

【注释】

始：始祖。

守：防守，管控。

没：终了。最终。

殆：危险。

塞：堵。

兑：说。指嘴，口。塞其兑：堵住嘴。

门：出入口。闭其门：关闭通道。

勤：担心。

【译文】

天下有始祖，作为天下之母。既然得到其母，就知道其子。既然知道其子，返回防守其母。最终自身无危险。堵住嘴，关闭通道，终身不用担心。

【解义】

领导人是天下事业的始祖。领导人的欲望则是天下事业的起因。这个起因则是事业之母。如果人们知道了事业的起因，也就知道了其事业的最终结果。既然知道了最终的结果，返回来就要严格管控其事业的起因。倘若能够控制起因，领导人的事业就不会有失败的危险。另外领导人还应注意要管住自己的嘴，不讲不利事业成功之言；管住自己的脚，不走不利事业成功之道。领导人若能依此行事，终身不用担心自身的事业会有失败的危险。

【原文】

开其兑，济其事，终身不救。见小曰明，守柔曰强。用其光，复归其明，无遗身殃，是为习常。

【注释】

济；延续。继续。

明：聪明，贤明。

遗：招致。

习：通晓。

常：意指道。

【译文】

打开嘴，延续其事，最终自身不可救。见小知大叫作聪明，守柔弱叫作强大。用之并光大将复归贤明。自身不招致灾祸，是因为通晓道了。

【解义】

领导人如果不断讲不利事业成功之言、不断做不利事业成功之事，其最终结果必将失败，并且不可救药。在事业的进程中，领导人若能以小见大，是聪明的表现；若能以柔克刚，是内心强大的表现。领导人若能两者兼用，并能将其发扬光大，最终将回归于贤明。领导人的言行没有给自己带来灾祸，说明领导人已经知道如何使自身的言行不脱离成功之道了。

【终述】

领导人发起的所有事业都有相应的起因，知道起因就知道了领导人想要的结果。事业的最终成功，说明领导人已经有效控制了事业发起的原因。除此之外，领导人还应注意：不讲不利事业成功之言、不做不利事业成功之事。如果领导人的所有言行都没有给自己带来灾祸，说明领导人知道如何使自己的言行不脱离成功之道了。

第五十三章

论民众贫穷

【原文】

使我介然有知，行于大道，唯施是畏。大道甚夷，而民好径。朝甚除，田甚芜，仓甚虚。

【注释】

使：假如。

介（xiá）：通"黠"。聪慧。

然：这样。

有：助词，无词义。

施：兴废。

径：小路，邪路。

朝：宫廷，宫殿。

除：修整。

芜：荒芜。

【译文】

假如我聪慧这样就知道，行大道的人，唯有兴废是担心的事。大道非常平坦，而人们总喜欢走邪路。宫殿装饰得非常华丽，农田非常荒芜，粮仓非常空虚。

【解义】

假如领导人坚守治理的正道，并且是一个聪慧之人，这样他就会清楚地知道，事业的兴旺或衰败是自己唯一担心的事。治国理政的正道是领导人走向成功的康庄大道；而人们的私欲，却又常常把领导人带入追求自身享受的邪门歪道。他们调用了大量的人力，无偿地把自己的宫殿装饰得非常华丽，供自己享受。从而农田却变得无人耕种、杂草丛生，非常荒芜。人们因此变得贫穷饥饿、衣食不足，他们的粮仓也异常空虚。这就是典型的领导人未行正道，给民众带来贫困的事例。

【原文】

服文采，带利剑，厌饮食，财货有余；是为盗夸。非道也哉！

【注释】

盗：劫掠。抢劫掠夺。

夸：奢侈。

【译文】

穿着华美的服装，佩戴着锋利的宝剑，吃厌了山珍海味，财货用不完，这是抢劫、掠夺者的奢侈，并非正道啊！

【解义】

领导人穿着华美的服装，以展示自身的高贵和与众不同的身份；佩戴着锋利精美的宝剑，以展示自身的权力和与众不同的威严。吃厌了天下的山珍海味，自己有用不完的财物，过着奢靡的生活。这是领导人利用职权，对民众进行的另一种变相的抢劫和掠夺。这些并非是让领导人走向成功的正道啊！

【终述】

民穷的原因有两种：（1）领导人为了满足个人欲望，无偿调用民众建设自己的宫殿或设施。（2）领导人为了满足个人的欲望，利用职权制定政策，搜刮民脂民膏。这些都不是有道领导人的所作所为。民众是领导人事业成功的根基，民富则国富，民强则国强。如果领导人的治理导致了民穷民弱，领导人的事业也就不可能获得成功。因为领导人所行之道，并非是让自己走向成功的正道啊！

第五十四章

论民众富有

【原文】

善建者不拔，善抱者不脱，子孙以祭祀不辍。修之于身，其德乃真；修之于家，其德乃余；修之于乡，其德乃长；修之于国，其德乃丰；修之于天下，其德乃普。

【注释】

建：建立，立。

拔：攻克。

抱：守护。

脱：逃脱，脱离。

辍：停止，断绝。

真：正。

余：盈余。

长：居首位。

丰：丰厚，厚。

普：广大。

【译文】

善于建立的人不会让人攻克，善于守护的人不会让其脱离，子孙以祭祀的方法使其不会断绝。将其用于修身，其德就是正；用于修家，其德就是盈余；用于修乡，其德就是成为首富；用于修国，其德就是丰厚；用于修天下，其德就是广大。

【解义】

以前善于建立富民功业的人，不会被他人所击败。善于守护富民功业的人，不会让富民功业脱离自己。建立富民功业与守护富民功业，对于领导人来说都非常重要。因此其子孙们以祭祀祖先的方式传承其精华，最终的目的是让其不会断绝。人们用其修身，其结果是自身走正道；用其修家，其结果是家中出现盈余；用其修乡，其结果是成了各乡的首富；用其修国，其结果是国家实力变得雄厚；用其修天下，其结果是广大民众的收益普遍获得大幅提高。

【原文】

故以身观身，以家观家，以乡观乡，以国观国，以天下观天下。吾何以知天下然哉？以此。

【注释】

然：对的，正确。

哉：呢。

【译文】

因此以自身观察他人之身，以一家观察他人之家，以一乡观察他人之乡，以一国观察他人之国，以一家天下观察他人的天下。我是如何知道其是否正确呢？就是以此方法。

【解义】

因此个人若修富人之德，便可观察他人是否走正道；家庭若修富家之德，便可观察他人之家是否走正道；一乡若修富乡之德，便可观察他人之乡是否走正道；一国若修富国之德，便可知道他国是否走正道；一家天下若修富天下之德，便可知道他人天下是否走正道。我是如何知道人、家、乡、国家、天下是否在走正道呢？就是依照上述方法，做出了最终的判断。

【终述】

天下是天下之人的天下，民富则天下富。因此建立和守护富民功业应是领导人的执政目标。若能实现这一目标，说明领导人已经走上了成功的正道。将其用于修身，其身将正。用于修家，其家富足。用于修乡，其乡可成首富。用于修国，其国强盛。用于修天下，天下之人收益将会大增。在治理天下的过程中，民众小富，领导人的事业将会有小成。民众大富，领导人的事业将会有大成。领导人是否在走正道，看民众对自己的收益是否满意、是否为之感到骄傲和自豪，就足够了。

第五十五章

论厚德治理

含德之厚，比于赤子。蜂虿虺蛇不螫，猛兽不据，攫鸟不搏。骨弱筋柔而握固，未知牝牡之合而朘作，精之至也。终日号而不嗄，和之至也。

【注释】

赤子：初生婴儿。

虿（chài）：毒虫。

虺（huǐ）：毒蛇。

据：抓取。

攫（jué）：抓取。

搏：抓。

牝牡：男女。

朘（zuī）：男孩的生殖器。王弼本为"全"，按帛书本校为"朘"。朘作：男婴生殖器勃起。

号：哭喊。大声喊叫。

嗄（shà）：嘶哑。意指自身受到伤害。

【译文】

含有厚德之人，可与赤裸的婴儿相比。有毒的虫蛇不去蜇伤他，猛兽恶鸟不去抓伤他。骨弱筋柔而小拳头却能握紧，未知男女交合之事而生殖器却能有力勃起，这是精气充足的缘故。终日哭叫而不嘶哑，这是体内气息和顺的原因。

【解义】

含有厚德的领导人，好像赤裸的婴儿一样。恶毒之人不去刺伤他，凶狠之人不去伤害他。他看上去虽然柔弱无力，但是确能紧紧把握正确的方向。他看上去虽然无知幼稚，但是确能为将来发生的事做好充分准备。这是厚德领导人正气充足的原因。虽然他对待下属终日大声喊叫，但是自己并不会因此受到伤害。这是厚德领导人所打造的团队内部和谐、顺从的原因。

【原文】

知和曰常，知常曰明。益生曰祥，心使气曰强。物壮则老，谓之不道，不道早已。

【注释】

知：知道。懂得。

常：意指道。

益：利益。

祥：吉利，吉祥。

已：亡。

【译文】

懂得了和顺称其为懂得了道，懂得了道称其为明智。利益生成称其为吉祥，内心使气称其为强大。物壮则要提前衰老，称其为不合道。不合道则早亡。

【解义】

领导人懂得团队内部和谐、顺从的道理，称其为懂得了道。懂得了道，则是领导人的明智。团队内部成员的利益获得与增长，则是领导人的吉祥。团队内部成员具有战胜一切困难的勇气和决心，则是团队自身的强大。但要注意，任何事物追求过分强大都会提前衰老；因为这种情况不符合道，不合道则早亡。这是领导人的道与德同自身的事业发展不相适应，最终导致提前衰亡的情况。

【终述】

有厚德的领导人，好像婴儿一样。由于他不伤害任何人，因此所有人都不想去伤害他。由于他没有私欲，并给人们带来欢乐，因此人们都喜欢他。领导人给人们带来的欢乐，指的是给人们带来收益的不断增长和其愿望不断得到实现。另外管理团队应注意：（1）要牢牢把握正确的方向，对未来将要发生的事情，应提前做好充分准备。（2）要全力以赴将团队打造成为和谐、顺从，敢于战胜一切困难、内心十分强大的优秀团队。

第五十六章

论行为一致

【原文】

知者不言，言者不知。塞其兑，闭其门，挫其锐，解其纷，和其光，同其尘，是谓玄同。

【注释】

知：（zhì）：智。智慧。

兑：说。指嘴。

挫：折损，去掉。

锐：锐气。

解：解除。

纷：纷乱，纷争。

和：和顺，和谐顺从。

光：光大，发展。

同：㊀统一。㊁一致。

尘：世俗，一般人。指团队成员。

【译文】

智者不说，说者无智。堵住嘴，关闭通道。去掉锐气，解除纷争，和顺光大，统一世俗，这是深奥奇妙的一致。

【解义】

有智慧的领导人，不自我夸耀；自我夸耀的领导人，没有智慧。闭上自己的嘴，不讲不利于事业成功之言。管好自己的脚，不走不利于事业成功之道。去掉自身存在的锐气，可使团队上下更加和睦融洽。消除内部的纷争，可使团队更加紧密团结在一起。保证团队内部和谐顺从，可使团队的事业持续发展。统一团队思想，可使团队成员的行为保持高度一致。这就是团队出现神奇"一致"的奥妙所在。

【原文】

故不可得而亲，不可得而疏；不可得而利，不可得而害；不可得而贵，不可得而贱。故为天下贵。

【注释】

得：成，成功。

疏：王弼本为"疎"，按帛书本校为"疏"。

贵：尊重。

【译文】

因此不可因成而亲近，不可因成而疏远。不可因成而得利，不可因成而受伤害。不可因成而高贵，不可因成而低贱。因此受天下人尊重。

【解义】

因此，领导人不可因成功而亲近一些人，也不可因成功而疏远另一些人。不可因成功让一些人获得利益，也不可因成功而让另一些人的利益受到伤害。不可因成功使一些人变得高贵，不可因成功而让另一些人变得低贱。这样可有效避免组织内部出现分裂；并且是保持团队所有成员的行为，能够高度一致的奥妙所在。因此领导人若行此道，必将获得所有人的信任和尊重。

【终述】

保持团队的行为高度一致，是领导人取得事业成功的基本保证。怎样才能做到高度一致呢？第一不讲无德之言，不做无德之事。第二统一团队成员的思想，消除内部纷争。第三成功之后在团队内部不制造亲与疏、利与害、贵与贱的差别，防止组织内部出现分裂。

第五十七章

论祸福之源

【原文】

以正治国，以奇用兵，以无事取天下。吾何以知其然哉？以此：天下多忌讳，而民弥贫；民多利器，国家滋昏；人多伎巧，奇物滋起；法令滋彰，盗贼多有。

【注释】

事：指害民之事。

然：助词。表示肯定。

忌讳：禁忌。禁令。

弥：更加。

滋：愈加。

昏：昏乱。昏庸混乱。

伎（jì）：同"技"。技能。

彰：彰显。

【译文】

以正道治国，以奇谋用兵，以无事获得天下。我是如何知道这些呢？依据如下：天下的禁令多，人们愈加贫穷；民间锋利的武器多，国家愈加混乱。人们的技能越精湛，奇特物品就愈加多见。法律愈加彰显，盗贼则是越多。

【解义】

在治理国家的过程中，领导人只有坚守正道，才能获得成功。在两军交战的过程中，领导人只有运用奇谋，才能战胜对手。在夺取天下的过程中，领导人只有不做害民之事，才能顺利实现自己的目标。我是如何知道这些道理呢？依据如下：天下害民的禁令越多，人们的生活就会变得愈加贫穷，说明这些禁令严重干扰了人们的正常生产与生活。民间的武器越多，人们就会由于社会动乱变得愈加没有安全感，说明这个国家的治理昏乱无道。人们的奇能巧技越多，社会上奇特的物品也就越多，说明领导人对此需求也就越大。社会的法令愈加彰显其威慑性，社会上的盗贼活动则愈加猖獗，说明这个国家的治理脱离了正道。

【原文】

故圣人云：我无为而民自化，我好静而民自正，我无事而民自富，我无欲而民自朴。

【注释】

静：安静。指不争。

【译文】

因此圣人说：我治理无为而民众自己会改变，我喜爱安静而民众自己会走正道，我无害民之事而民众自己会富裕，我无私欲而民众自己会纯朴。

【解义】

因此有智慧的领导人说：如果领导人让做坏事的人不敢有所作为，民众即使有不良行为，自己也会因此而改变。如果领导人自己不争名夺利，民众自己也会因此走正道。如果领导人自己不做害民之事，民众自己也会因此而富裕。如果领导人自己没有私欲，民众自己也会因此变得纯朴。

【终述】

天下出现的祸事，均与领导人的治理有关。例如，人们的贫穷、社会的动乱、奇物泛滥、盗贼猖獗，均是领导人治理无道的结果。天下出现的福事，也与领导人的治理有关。例如，民众的自化、自正、自富、自朴，均是领导人治理有道的结果。因此领导人治理无道，社会邪气上升、正气下降；若是治理有道，社会正气上升、邪气下降。所以无论是社会邪气上升导致的祸来，还是正气上升导致的福到，领导人都是第一责任人。

第五十八章

论祸福之变

【原文】

其政闷闷，其民淳淳；其政察察，其民缺缺。祸兮福之所倚，福兮祸之所伏。孰知其极？其无正？

【注释】

闷闷：糊涂。

淳淳：淳朴。醇厚质朴。

察察：清明。

缺缺：狡诈。狡猾奸诈。

倚：靠着。

伏：隐藏。

【译文】

执政糊涂，人们就淳朴；执政清明，人们就狡诈。灾祸紧靠着福祉。福祉隐藏着灾祸。谁知道它的极限？它没有正确的答案吗？

【解义】

领导人执政若是让利于民、对自身的得失好像糊涂无知，虽然领导人自身收益大幅减少，但是人们由于收益大幅增加而变得敦厚质朴。因此领导人的执政也将变得容易顺利。领导人执政若是与民争利、对自身的得失清楚明白，虽然领导人自身收益大幅增加，但是人们由于收益大幅减少而变得狡猾奸诈。因此领导人的执政也将变得艰难不顺。由此可知，灾祸在一定的条件下，可转化成福祉；福祉在一定条件下，可转化成灾祸。谁知道它们之间是如何相互转化的呢？难道没有正确答案吗？

【原文】

正复为奇，善复为妖。人之迷，其日固久。是以圣人方而不割，廉而不刿，直而不肆，光而不耀。

【注释】

正：治理。

复：返回。通"反"。

奇：奇谋。指欺诈。

善：善良。

妖：邪恶。

固：本来。

方：正直。

割：损害。

廉：有棱角。指是非分明。

刿（guì）：伤害。

光：光名，美名。

耀：炫耀。

【译文】

治理反而变成欺诈，善良反而变成邪恶。人们对此迷惑不解，其时间本来很久了。所以圣人正直而不伤害、有棱角而不伤人、直言而不放肆、有美名而不炫耀。

【解义】

领导人的治理如何变成了欺诈，领导人的善良如何变成了邪恶。人们对此一直迷惑不解，其时间已经很久了。但是有智慧的领导人，却深知其中的奥秘。所以他们虽然做人光明磊落、正直无私，但是并不因此随意指责他人；他们虽然处理事务是非分明，但是并不因此随意训斥他人；他们讲话虽然仗义执言，但是并不因此放肆伤害他人；他们虽然获得了人们的赞誉，但是并不因此自我炫耀、贬低他人。由此可见，上述方法可有效防止领导人在有利的情况下，由于处置不当，最终出现对自己不利的后果。

【终述】

当领导人获得成功之后，最终未必会有好结果；当出现失败之后，最终结果未必变得很糟糕。其原因是处理问题的方法是否正确。成功时，倘若处理问题的方法不当，好事可以转化为坏事。这是"福为祸所伏"。失败时，倘若处理问题的方法正确，坏事可以转化为好事。这是"祸为福所倚"。所以领导人在执政时，不但要保证自己坚守正道，同时还要注意自己处理问题的方法是否正确，只有如此才能让祸福朝着对自己有利的方向转化。

第五十九章

论爱惜人才

【原文】

治人事天，莫若啬。夫唯啬，是谓早服。早服谓之重积德。重积德则无不克。无不克则莫知其极。

【注释】

啬：爱惜。

服：顺从。

谓：意指。

【译文】

管理人或事奉天下，没有比爱惜更重要了。只有爱惜，可称为早顺从。早顺从意指重积德。重积德可无不胜。无不胜则不知你的极限。

【解义】

当领导人在管理人或服务于天下时，没有比爱惜人才更为重要的事了。只有做到爱惜人才时，才可称你在用人的早期就已经开始顺从于道了。早期顺从于道指的是你已经重视积德了。领导人若能重视积德，便可达到用人无往不胜的效果。若能无往不胜，则人们不知道你的能力极限在哪里。

【原文】

莫知其极，可以有国。有国之母可以长久。是谓深根固柢，长生久视之道。

【注释】

有（yòu）：通"佑"。帮助。

柢：树根。

【译文】

不知你的极限，可以帮助国家。帮助国家的本源可以长久。可称根扎得深、扎的牢，是长期生存、久远可见的道。

【解义】

倘若你能无往不胜、能力没有上限，可以帮助国家正本固源，即帮助国家培养选拔一批道德高尚、能力无限的人才担任国家重要职务，这样国家就有了长治久安的基础。有了这个基础，可称此国为深根固柢。国家若能如此，可走上基业长青，江山长久存在之道。

【终述】

一个领导人若要获得事业成功，就离不开下属各方面人才的积极支持与配合，这是事业成功的前提。怎样才能做到这点呢？要重视积德、要真心地爱护、珍惜下属的人才。既要为他们谋福祉，帮助他们解决生存与发展的问题；同时又要保护他们，使之不受伤害。领导人若能用好下属各方面人才，你就会走上基业常青、江山长久存在之道。

第六十章

论大国治理

【原文】

治大国若烹小鲜。以道莅天下，其鬼不神；非其鬼不神，其神不伤人；非其神不伤人，圣人亦不伤人。夫两不相伤，故德交归焉。

【注释】

莅：治理。

鬼：隐秘莫测。意指神秘的道。

神：玄妙。

相（xiàng）：辅助。

交：都。

【译文】

治理大国如同煎小鱼。以道治理天下，神秘的道也不玄妙了；并非其道不玄妙了，而是其玄妙的道不伤人；不仅是其玄妙的道不伤人，圣人也不伤人。两者不相辅伤人，是因为两者都回归德了。

【解义】

治理大国其政令不能反复改变，否则将会导致治理失败。如同煎小鱼时，在经常翻动的情况下，小鱼将会破碎，最终导致煎鱼失败一样。政令为什么会反复改变？因为政令不符合道且伤害了民众，根本行不通。所以政令只有符合道，才不会反复改变。当领导人以道治理天下时，其神秘莫测的道，也就变得不那么玄妙了。因为一切治理都好像是理所当然的，所以人们才不会感到玄妙。此时并非其道不玄妙，而是治理之道没有伤害民众；不仅其治理之道没有伤害民众，领导人也没有伤害民众。当治理之道和领导人都不相互辅助伤害民众时，说明两者都回归于德了。

【终述】

领导人在治理天下时，其政令反复改变的原因是其政令根本行不通。其政令行不通的原因是其政令伤害了民众。因此所有治理的政令，都不能直接或间接地伤害民众，否则由于民众的抵制将对领导人的事业构成伤害。如果治理政令颁布过后上下都能做到相互配合、相互支持，并且领导人在推行政令期间也能得到民众的信任和支持，说明其治理的政令与领导人都没有伤害民众。两者都没有伤害民众，又说明两者都回归于德了。

第六十一章

论国家外交

【原文】

大国者下流。天下之交，天下之牝。牝常以静胜牡，以静为下。故大国以下小国，则取小国；小国以下大国，则取大国。

【注释】

下：居下。谦卑。

流：流向，归附。

交：往来。天下之交：指国家之间的外交往来。

牝：雌性。指柔。

静：指不争。

牡：雄性。指刚

取：获得。

【译文】

大国居下将归附。天下的外交往来，是天下外交之柔。柔常以不争胜刚，外交之柔是以不争居下。因此大国以居下对待小国，则可获得小国。小国以居下对待大国，则可获得大国。

【解义】

大国若能以谦卑的方法与小国交往，可将小国凝聚在自己的周围，以成就自身的事业。国家之间外交往来的目的，是以温和友善的方法处理国家之间的事务。因此在外事活动中，采用持柔不争的方法，通常比持刚相争的方法更容易获得成功。不争是采用谦卑的方法，让自己居下。因此大国若能以谦卑的方法与小国交往，则能将小国紧密地团结在自己的周围。小国若能以谦卑的方法与大国交往，则能得到大国的支持和帮助。

【原文】

故或下以取，或下而取。大国不过欲兼畜人，小国不过欲入事人。夫两者各得其所欲。大者宜为下。

【注释】

或：代词。指大国或小国。

兼：全。

畜：容纳。

事：服侍，服务。

【译文】

因此大国居下是为了获得小国，小国因居下而获得大国。大国不过是要健全体系容纳小国，小国不过是想要加入大国体系服务大国。两者都是为了实现自己的愿望。大国宜用居下的方法对待小国。

【解义】

因此大国谦卑是为了将小国紧密地团结在自己的周围，小国谦卑是为了获得大国的支持和帮助。大国谦卑的目的不过是健全自己的体系而容纳小国，小国谦卑的目的不过是想要加入大国的体系、为了自身的利益而服务于大国。两者都是为了实现自己的愿望。所以大国为了实现自己的愿望，宜用谦卑方法对待小国。

【终述】

外交是国家对外的重要事务。怎样才能为自己创造一个有利自身生存与发展的外部环境呢？

大国的策略：（1）以谦卑居下的方法，将小国凝聚在自己的周围，以成就自身的事业。（2）以善待小国的方法，支持和帮助小国解决生存与发展问题，以获得小国对自己的支持。

小国的策略：（1）以谦卑居下的方法紧紧团结在大国的周围，做好服务与配合工作。（2）以积极配合大国的方法，争取获得大国对自己的支持和帮助。

总之，大国为了成就自身的事业而团结小国，小国为了自身的生存与发展而服务于大国。

第六十二章

论外交之道

【原文】

道者万物之奥。善人之宝，不善人之所保。美言可以市，尊行可以加人。人之不善，何弃之有？

【注释】

道者：指上一章对外交往中的"居下、不争"之道。

万物：泛指外交事务。

奥：主。主宰。

善：擅长，善于。

保：保护。

市：求得，获得。

加：增加。

【译文】

道是外交事务的主宰，是擅长人的珍宝，是不擅长人的保护。美言可以获得尊重，尊行可以增加人的尊重。不擅长的人，怎么会放弃呢？

【解义】

居下、不争之道是外交事务成功的主宰。擅长外交的人运用此道，在外交事务中可顺利实现自己的愿望，因此视它为珍宝。不擅长外交的人运用此道，在外交事务中可避免自己受伤害，因此视它为保护自己的秘密武器。在对外交往中，美好的言语可以获得对方的尊重；尊重他人的行为，可以让对方更加尊重自己。因此，不擅长外交的人为了避免在外交事务中出现失误，从而对自身构成伤害，怎么会放弃此道呢？

【原文】

故立天子，置三公，虽有拱璧以先驷马，不如坐进此道。古之所以贵此道者何？不曰以求得，有罪以免邪？故为天下贵。

【注释】

立：通"位"。位于。

三公：指辅佐国君的重要大臣。

拱璧：大玉器。指珍贵的玉器。

驷马：四匹马的大车。

坐：坚持。坚守。

进：推进。

以：有。

罪：错误。灾祸。

【译文】

因此位于天子或设置的三公出访，虽然前有珍贵的玉器开道和后有四匹马的大车跟随，不如坚持推进此道。古人为何如此重视此道呢？不就是说有求可得，有灾祸可以避免吗？所以天下最为宝贵的是道。

【解义】

因此古时人们就知道：位于天子或设置的三公外交出访时，前有大量珍贵的玉器为先导、自己乘坐四匹马大车紧随其后的隆重出访仪仗，不如不求奢华，坚持认真推进居下、不争之道，以确保自己出访获得成功。古人为何如此重视此道呢？不就说明外交若能依此道而行，能够实现有要求可以得到满足、有灾祸可以避免吗？所以对外交能否成功而言，天下最宝贵的是居下、不争之道，而不是奢华的出访仪仗。

【终述】

外交事务的成功之道是居下与不争。居下是以谦卑的方法与对方交往，不争是在外事活动中不出现言行之争。擅长外交的人用此道是为了获得外交的成功，不擅长外交的人用此道是为了避免由于经验不足所造成的外交失败。在外交活动中讲阔气、讲排场，不如坚持认真推进此道；因为在外交活动中，若能坚守居下、不争之道，可以顺利实现自己的愿望，并能有效避免由于言行不当所带来的灾祸。

第六十三章

论治理成功

【原文】

为无为，事无事，味无味。大小多少，报怨以德。图难于其易，为大于其细。天下难事必作于易；天下大事必作于细。

【注释】

为：治理。

味：品。无味：没有特别之处。

大：大怨。大小：大怨生于小怨。

多：多怨。多少：多怨生于少怨。

报：返回。报怨：让怨恨返回到无怨恨的状态。即消除怨恨。

图：谋划。

为：如果。

作：开始。

【译文】

治理无为，做事无事，品无为、无事的无味。大怨生于小怨、多怨生于少怨，消除怨恨要用德。谋划难事在容易时入手，如果谋划大事在细微处入手。天下的难事必开始于容易；天下的大事必开始于细小。

【解义】

领导人治理天下时，应达到让做坏事的人不敢妄为的效果。在处理天下政事时，应达到不做害民之事、让人们不生事端的效果。品无为、无事的奥妙时，却又觉得没有特别之处。在治理的过程中：人们心中的

160

大怨恨是由小怨恨逐渐发展而成的。因此消除大怨恨应从小怨恨刚刚出现时入手。人们心中的多怨恨是由少怨恨逐渐积累而成的。因此消除多怨恨应从怨恨较少时做起。人们心中的怨恨，领导人要用德来消除。在治理天下时：若要谋划解决难事，应从早期容易解决时入手。若要谋划做大事，应从细小的事做起。因为天下的难事，一定是从容易的事开始，最终变成了难事；天下的大事，一定是从细小的事开始做起，最终将其做成了大事。

【原文】

是以圣人终不为大，故能成其大。夫轻诺必寡信，多易必多难。是以圣人犹难之，故终无难矣。

【注释】

轻：随便。

寡：缺少。

犹：通"猷"。谋略，谋划。

【译文】

所以圣人始终不自以为大，因此才能成大事。为人随便承诺必然缺少诚信，多容易的背后必有多难。所以圣人能事前谋划难事，因此最终无难事了。

【解义】

所以有智慧的领导人在治理天下时，首先能够谦虚谨慎、从不自以为大。其次能够坚守诚信、从不失信于人，因此能成大事。领导人如果自以为大、蔑视下属，常以不负责任、随便承诺的方法对待下属，由于随便承诺不能兑现，因此必然出现失信于人的情况。诸多容易成功的背后，必然存在着诸多的不易。所以有智慧的领导人在治理之前，就提前制定了解决困难的方案，使困难在出现之前就被有效控制或解决了。因此最终的结果是成功变得非常容易了。

【终述】

领导人最终获得治理成功，主要依靠下述三个方面不出差错：（1）治理不能直接或间接地伤害下属。（2）治理要坚守诚信，不能失信于人。（3）治理不能自以为大、蔑视下属的存在。总之，这三个方面一旦出错，都将不同程度的伤害了自己的下属，治理也将出现不同程度地困难。所以有智慧的领导人，首先在治理时不伤害自己的下属。其次坚守诚信、不自以为大。另外针对治理将要出现的困难，提前制定有效措施防患于未然。若能如此，则能取得治理的最终成功。

第六十四章

论治理失败

【原文】

其安易持，其未兆易谋。其脆易泮，其微易散。为之于未有，治之于未乱。合抱之木，生于毫末；九层之台，起于累土；千里之行，始于足下。

【注释】

持：治理。

谋：谋划。

泮：分解。瓦解。

微：微小。

散：排解。

毫末：微小。

【译文】

事物安定时容易治理，事物没有先兆时容易谋划，事物脆弱时容易瓦解，事物微小时容易排解。解决于没有之时，治理于未乱之时。双手合抱的大树，生于微小的树苗；九层的高台，起于堆积；千里之行，开始于第一步。

【解义】

当团队内部弊乱在早期安定的情况下，领导人治理弊乱将会很容易。当团队内部棘手问题还没有先兆的情况下，领导人谋划解决问题将会很容易。当团队内部非正式的对立组织还很脆弱的情况下，领导人若要瓦解它将会很容易。当团队内部矛盾还在萌芽的情况下，领导人若要排解它将会很容易。因此，解决问题应在问题尚未出现之前，治理团队应在没有发生弊乱之前。内部弊乱的成长过程，如同双手合抱的大树是由微小的树苗一点点长大一样；治理成功的过程，如同九层高台是由一筐筐土堆积起来的一样；治理的长期性，如同千里之行是由一步步走完的一样。

【原文】

为者败之，执者失之。是以圣人无为故无败，无执故无失。民之从事，常于几成而败之。慎终如始，则无败事。

【注释】

为：治理。意指治理害民。见第二十九章。

无为：指不做害民之事。

【译文】

治理害民则会失败，坚持害民的治理会失去天下。所以圣人不做害民之事因此不会失败，不坚持害民的治理也不会失去天下。人们做事，常败于即将成功之时。事终若能像事初一样谨慎，将无失败之事。

【解义】

身为领导人倘若做害民之事，其自身的事业就会因民众抵触而最终失败。身为领导人倘若坚持伤害民众的治理，其最终结果将会因民众反对而失去天下。所以有智慧的领导人，首先不做害民之事，因此也就不会因民众抵触而失败。其次不坚持伤害民众的治理，也就不会因民众反对而失去天下。另外，人们做事经常败于即将成功之时，这是因为在即将成功之时，领导人不幸脱离了正道。因此有智慧的领导人，在事终也能像事初一样小心谨慎地坚守正道，所以才不会有失败的事。

【原文】

是以圣人欲不欲，不贵难得之货。学不学，复众人之所过。以辅万物之自然而不敢为。

【注释】

复：免除。

辅：帮助，辅助。

万物：指众人。

自然：自己发展。

【译文】

所以圣人的欲望是没有私欲，不重视难得的货物。学习未学过的知识，免除众人的过错。以帮助万物自然成长而不敢妄为。

【解义】

所以有智慧的领导人，其自身的愿望是：通过治理培养人们消除私欲、通过治理让人们不高价收购难得货物、通过治理让人们学习以前没有学过的知识，教育人们如何避免和消除自己的过错。以此帮助众人能够顺利成长而不敢胡乱作为。

【终述】

治理的目的：（1）是帮助人们消除私欲。（2）不高价收购难得的货物。（3）教育人们如何避免和消除自己的过错，并且不敢妄为。

治理失败的原因：（1）治理失败于太迟，积重难返。（2）治理失败于害民，害民民反。（3）治理失败于几乎成功，终时背道而行。

治理的特点：（1）内部弊乱早治理容易，如同清除刚出土的小树苗一样；晚治理难，就像清除参天大树一样。（2）治理要一件事一件事地处理，就像九层高台是由一筐筐的土堆起来一样。（3）治理是一个长期的过程，就像千里之行是由一步步走完的一样。

第六十五章

论治理大顺

【原文】

古之善为道者，非以明民，将以愚之。民之难治，以其智多。故以智治国，国之贼；不以智治国，国之福。

【注释】

明：懂得，明白。

愚：无知，指纯朴诚实。

智：智慧。指狡诈。

贼：祸首。

【译文】

古时善用道的人，不是让人懂得如何狡诈，是让其保持纯朴诚实。民众之所以难管理，是因为其多狡诈。因此以狡诈治国，是国家的灾祸之首。不以狡诈治国，可以给国家带来福祉。

【解义】

古时善于用道治理国家的领导人，不以损害民众切身利益的方法治理国家，其目的是不让人们为了自己不受损失而变得狡诈。即采用帮助民众从源头上解决问题的方法实现自己的治理目标，让其继续保持纯朴诚实的习惯。例如，人们由于贫困而偷盗时，有道的领导人所采用的治理方法是全力帮助民众消除贫困，而不是依靠严厉的惩罚规定解决偷盗问题。否则人们就会千方百计躲避惩罚而继续偷盗。民众为什么难以管理，是因为其多狡诈。这些狡诈均是无道的领导人通过严格管理、辛辛苦苦"培养"出来的结果。所以，无道的领导人以"培养"人们狡诈的方法治国，他将是这个国家出现祸乱的罪魁祸首；以人们不出现狡诈的方式治国，可以给国家带来福祉。

【原文】

知此两者亦稽式。常知稽式，是谓玄德。玄德深矣，远矣，与物反矣，然后乃至大顺。

【注释】

稽式：法则。

常：固定不变，长久不变。

知：知道，掌管。

深：深奥。

远：久远。

物：众人。

【译文】

知道两者的不同也就知道了法则。长久不变掌管这个法则，称之为有深奥奇妙的德。其德既深奥又久远，又与众人相反，然后你将大顺。

【解义】

知道"以智治国"和"不以智治国"的差别，也就知道了治国的法则。能长久地执掌这一法则，可称其为掌握了深奥奇妙的治理之德。这个深奥奇妙的治理之德，既深奥奇妙又可长治久安，与一般人的想法却又恰恰相反。即一般人的想法是民众愈难治理，领导人的治理措施通常也就应该愈加严苛。然而在这种情况下民众就会变得愈狡诈，其治理也就会变得愈加艰难。因此，若能对源头治理，你的治理将会变得大顺。

【终述】

领导人的治理若要获得大顺，应注意以下几点：（1）当下属没有能力实现治理目标时，领导人宜通过培训，让下属掌握实现目标的方法。（2）为下属提供实现治理目标的必要条件，让下属能够顺利实现目标。（3）不能治标不治本。即对问题出现的源头治理，从根本上解决问题。（4）治理本身不能对下属构成伤害。

第六十六章

论聚众成事

【原文】

江海所以能为百谷王者，以其善下之，故能为百谷王。是以欲上民，必以言下之；欲先民，必以身后之。

【注释】

谷：两山之间的河道。又称川，指河流。

下：低处。指待人谦逊。

【译文】

江海之所以能被称为百川之王，是因为他们善于处在低下之位，因此能为百川之王。所以要在民众之上，必须用谦逊的言辞。要在民众之前，必须用在其后的方法。

【解义】

百川之所以流向大江、大海，是因为大江、大海身处低下的位置。因此大江、大海能汇聚百川，成为百川的王者。所以若想成为众人的领导者，也要像大江、大海一样，有能力汇集众人成就自身的事业。怎样才能做到这一点呢？首先待下要用谦虚恭谨的言辞，不宜狂妄自大、盛气凌人。只有采用谦虚恭谨的言辞才能赢得人心，才能将贤能之人凝聚在自己的周围。其次要让名利于人，心甘情愿位居名利之后。只有把名利让给众人，将自己排在名利的最后，才能得到人们的广泛信任和支持。

【原文】

是以圣人处上而民不重，处前而民不害。是以天下乐推而不厌。以其不争，故天下莫能与之争。

【注释】

重：沉重，指负担沉重。

害：伤害。

推：推服。推崇佩服。

【译文】

所以圣人处在高位而民众未感觉到负担沉重，处在前面而民众未感觉受到伤害。所以天下人乐于推崇、佩服而不厌恶。因为他不争，所以天下没人能够与其相争。

【解义】

所以有智慧的领导人虽然身居高位，待人却能做到谦虚恭谨、和蔼可亲；由于不狂妄自大、仗势凌人，人们就不会感到精神上的负担沉重。有智慧的领导人虽然带领众人获得了成功，面对功绩却能做到不与下属争名夺利；由于他心甘情愿位居名利的最后，人们就不会感到自身的利益受到了伤害。所以天下的人都乐于推崇他的人品和佩服他处理事务的能力，同时也不会对其产生厌恶。由于有智慧的领导人不与下属争名利，所以也就不会有人与之相争了。

【终述】

领导人若要凝聚人心成就自身的事业，应注意以下几点：（1）要谦虚。即不狂妄自大、仗势凌人。（2）要恭谨。即尊重贤能之人，并且小心谨慎防止伤害贤能之人。（3）要让名利于人。即不与下属争名利。

领导人若能做到上述三点，就能赢得人们的信任和尊重，就能将所有人凝聚在自己周围，为实现团队的目标共同奋斗。

第六十七章

论带兵三宝

【原文】

天下皆谓我道大，似不肖。夫唯大，故似不肖。若肖，久矣其细也夫！我有三宝，持而保之。一曰慈，二曰俭，三曰不敢为天下先。

【注释】

大：重要。

似：似乎、好像。

肖：似，像。

唯：因为。

细：小，与大相对。指不重要。

俭：谦逊。

【译文】

天下都说我讲的道重要，似乎不像其他事物。因为它重要，所以似乎不像其他事物。若像其他事物，时间久了它也就不重要了。我有三宝要守住，并且要保持。一是慈爱，二是谦逊，三是不敢走在天下的前面。

【解义】

天下的人都说我讲的道非常重要，它包含在一切事物之中，并且主导着事物的发展变化。它似乎不像其他事物，因为它重要，所以它不像其他事物。假如像其他事物，时间久了也就不重要了。我有三个待下珍宝非常重要，身为领导人一定要坚守，并且要保持不变：一是对下属要慈爱，二是待下要谦虚恭谨，三是不敢为争名夺利而走在人们的前面。

【原文】

慈故能勇；俭故能广；不敢为天下先，故能成器长。今舍慈且勇；舍俭且广；舍后且先；死矣！夫慈以战则胜，以守则固。天将救之，以慈卫之。

【注释】

器：度量。包容力。器长：包容力增长。

舍：放弃。

卫：保卫，保护。

【译文】

慈爱因此能勇敢。谦逊因此能广容。不敢走在前面，因此能成功和增长包容力。如今放弃慈爱的勇敢、放弃谦逊的广容、放弃在后面走在前面，必死无疑！你能慈爱若战必胜、若守必固。上天要挽救谁，则以慈爱保护谁。

【解义】

领导人待下若能充满慈爱之心，就像关爱自己的子女一样关爱下属，下属因此能克服一切困难、奋勇向前。领导人待下若能谦虚恭谨，就能广泛容纳贤能之人，以成就自身的事业。领导人不敢为争名夺利走在前面，即让名利于下属，下属就能给自己带来事业上的成功，并能提高自己用人的包容力。如今领导人放弃慈爱，却让下属冒死向前；放弃谦虚恭谨，却让贤能之人跟随自己；放弃让名利于人，却为争名夺利走在众人之前。这些都将导致领导人的事业走向毁灭。领导人若能以慈爱之心领兵征战，则能做到攻无不克、战无不胜；若能以慈爱之心带兵坚守，则能做到固若金汤、牢不可破。上天若要挽救谁、不让其走向毁灭，则要求他用慈爱之心保护自己。

【终述】

领导人的带兵三宝是慈爱、谦逊、不敢为天下先。慈爱可让下属为了实现自己的目标奋勇向前；谦虚恭谨可让贤能之人紧密地团结在自己的周围，以成就自身的事业。不敢为争名夺利走在前面，可获得人们的尊崇和支持，从而帮助自己走向成功。因此，有志的领导者若要获得自身事业的成功，就一定要坚守这三条原则，并且要保持不变。

第六十八章

论不争之胜

【原文】

善为士者，不武；善战者，不怒；善胜敌者，不与；善用人者，为之下。是谓不争之德，是谓用人之力，是谓配天古之极。

【注释】

士：官吏的通称。指将帅。

武：武力。

与：争斗。

天：天在上象征君。指在上之君。

【译文】

善为将帅之人不以武力取胜；善战之人不因愤怒兴师；善谋胜之人不与其争斗；善用人之人以谦逊待人。这就叫作不争的德、叫作用他人之力、叫作自古以来配合在上之君的最高境界。

【解义】

善为将帅之人不以武力与对手争夺胜利，而是利用对手的弱点以不战取胜。善于带兵打仗之人不因愤怒与对手交战，而是冷静分析双方的态势以等待时机取胜。善用计谋取胜之人不以厮杀与对手争夺胜利，而是让对手出现错误以谋略取胜。善于用人的领导人不与下属争名利，而是以谦恭的态度让名利于人。这就是领导人的不争之德，也是利用他人之力成就自身的事业，同时又是自古以来领导人配合在上之君打天下的最高境界。

【终述】

领兵善战的领导人，其不争之德是：（1）不以武力争胜。（2）不因怒兴师争胜。（3）不以厮杀争胜。（4）不与下属争名利。

领兵善战的领导人，其借助他人之力是：（1）利用对手的弱点，以不战取胜。（2）利用对手失误，以待机取胜。（3）让对手出现错误，以谋略取胜。（4）满足下属的需求，以谦恭的态度用人。

领导人的不争，可使自己最大限度地减少失误，不给对手创造任何成功的机会。领导人借助他人之力，可使领导人以最小的投入，换取最大的产出。因此，有上述能力的领导人，自古以来都是配合君王打天下的最好帮手。

第六十九章

论不战之胜

【原文】

用兵有言：吾不敢为主而为客，不敢进寸而退尺。是谓行无行，攘无臂，扔无敌，执无兵。

【注释】

主：指战争发动者。

客：指应战者。

行：成功。行动。

攘：夺取。

扔：摧毁。

执：捉拿。

【译文】

会用兵者说：我不敢成为战争发动者而为应战者，不敢进一寸而要后退一尺。这叫作成功于无行动，夺取不用手臂，摧毁无敌手，捉拿不用军队。

【解义】

以前善于用兵的人曾说：我不敢成为战争的发动者，但是可以成为应战者。因此不敢为挑起战争前进一寸，而是为了制止战争宁可后退一尺。

这里说的是不用战争解决问题，例如不用交战就能夺取对方的城池，不用交战就能摧毁对方的防守，不用交战就能捉拿对方的首领。即不经过双方厮杀争夺，就能获得最终的成功。这样的成功最终付出的代价最小。这是领导人在战争中获胜的最高境界。

【原文】

祸莫大于轻敌，轻敌几丧吾宝。故抗兵相若，哀者胜矣。

【注释】

宝：指三宝。即慈、俭和不敢为天下先。

抗兵：两军交战。

相若：相当。王弼本为"相加"，按帛书本校为"相若"。

哀：爱。慈爱。

【译文】

灾祸莫大于轻敌，轻敌几乎丧失我的"三宝"。因此两军交战实力相当，慈爱的一方可获胜。

【解义】

两军交战，最大的灾祸是主帅轻敌。主帅轻敌，首先会因决策失误，给自己一方造成不应有的伤亡。这是主帅对下属生命不负责任的不慈爱表现。其次因为骄傲自大、对贤能之人无谦逊之德，因而失去了贤能之人对自己的信任和支持。最后为了争夺自身的名利，不顾人们生死安危、强行命令下属冒险出击。所以轻敌几乎丧失了"慈、谦逊、不敢为天下先"的带兵三宝。因此在两军交战实力相当的情况下，对待自己部下慈爱的一方，可获得最终的胜利。

【终述】

战争将会给交战双方造成人员伤亡和财产损失。因此对于一个领导人来说，战争并不是解决问题的最好选择。有智慧的领导人，宁愿为止战后退一尺，也不愿为开战前进一寸。如果必须应战，也应尽量做到"不战而胜"。即在双方争夺时，不用动手就能获胜；在摧毁对方时，不用进攻就可取得成功；在捉拿对方首领时，不用出兵就可达到目的。但是还应注意：（1）主帅在任何情况下，都不能轻敌。（2）两军交战实力相当的情况下，对待自己部下慈爱的一方，可获得最终的胜利。

第七十章

论知者之成

【原文】

吾言甚易知，甚易行。天下莫能知，莫能行。言有宗，事有君。夫唯无知，是以不我知。知我者希，则我者贵。是以圣人被褐怀玉。

【注释】

行：成功。

宗：主旨，主题。

君：主，主宰。

唯：因为。

被：表面。

褐：（hè）：粗布衣服。指穿着俭朴。

【译文】

我讲的很容易理解，很容易成功。天下的人却不能理解，不能成功。说话有主题，做事有主宰。人们因为无知，所以不知道我知道的东西。知道我的人少，我则宝贵。所以圣人表面穿着俭朴，而怀中却有美玉。

【解义】

我讲的成功之道很容易理解，并且依道而行也很容易获得成功。但是天下的领导人，却通常没能理解它的奥妙所在，也就不能严格按照成功之道行事，因此也就没能获得最终的成功。讲话有主题，人们才能听清楚你在说什么。做事严格遵守成功之道，人们才能顺利走向成功。人们因为缺少如何能够让自己成功的知识，所以也就不知道我讲的能够让人们成功的道理。我所知道的成功之道，对领导人来说非常重要，知道的人越少就越发显得珍贵。所以，有智慧的领导人外表看上去平淡无奇与普通人一样，而怀中却有让自己走向成功的瑰宝。这是有智慧的领导人不追求个人享受、不断努力探索成功之道的结果。

【终述】

老子所讲的成功之道很容易理解，领导人若能依道而行，也很容易获得事业上的成功。但是由于人们缺少成功的知识，也就不知道成功的道理；由于不知成功的道理，也就无法做到长期坚守成功之道；不能长期坚守成功之道，也就无法长久地获得成功。所以成功之道对于有志的领导人来说非常重要。因此有道的领导人，通常不注重个人物质生活的享受，却十分注重个人怀中的成功瑰宝到底有多少。

第七十一章

论不知之病

【原文】

知不知，上；不知知，病。夫唯病病，是以不病。圣人不病，以其病病，是以不病。

【注释】

病：毛病。失败。

唯：因为。

【译文】

知道认为不知道，是上乘。不知道认为知道，是毛病。因为把不知道当作有病，所以才不会有毛病。圣人没有毛病，因为他把不知道当作有病，所以没有毛病。

【解义】

在领导人当中有一种领导人，深知领导人成功之道的奥妙，并能认真依道而行获得了成功；但是他们并不满足现状，总认为自己对道尚有很多不知，仍然继续努力学道、用道，这是最好的领导人。另一种领导人，不知道领导人成功之道的奥妙，凭借自己侥幸的成功，却认为自己对道已经完全了解了，不需要继续努力学道、用道了，这是一种毛病。领导人只有把"不知道"当作是一种毛病，因此才不会有这种毛病。有智慧的领导人之所以没有此类毛病，是因为他将自己"不知道"当作是一种毛病加以改正，所以他就不会有"不知道"的毛病。

【终述】

领导人最大的毛病，是对成功之道的无知。由于对道的无知，将会出现执政妄为；由于执政妄为，将会出现内外交困；由于内外交困，领导人的事业将会受阻无成。所以领导人的事业无成其根本原因是对成功之道的无知。因此有智慧的领导人深知成功之道的重要性，将"不知道"当作自己的毛病，并认真改正。所以这样的领导人就没有对道无知的毛病。当他们依道而行，不断取得成功的业绩时，人们常常感到非常惊奇和疑惑。

第七十二章

论厌恶之灾

【原文】

民不畏威，则大威至。无狎其所居，无厌其所生。夫唯不厌，是以不厌。是以圣人自知不自见，自爱不自贵。故去彼取此。

【注释】

威：权势。畏惧。

狎：轻慢。轻侮。

居：所处的地位。意指权位。

厌：厌恶。

生：产生、发生。

取：选择。

【译文】

人们不害怕你的权势，则大的畏惧将至。不轻侮你的权位，则不厌恶由你产生的治理。因为不厌恶你的治理，所以不厌恶你。所以圣人自知利弊不自我表现，自爱不自以为贵。因此要去掉自见、自贵而选择自知、自爱。

【解义】

身为领导人，当人们不敬畏你的权势时，说明你的治理已经严重损害了民众的利益。由此产生的敌对后果，如同水能覆舟一样，将会令你感到恐惧。当民众不轻蔑、侮辱你的权力和地位时，就不会厌恶你的治理；因为不厌恶你的治理，因此也就不会厌恶你。所以有智慧的领导人，深知炫耀自己的权位、自以为高贵、严重损害民众利益时，会让人们产生怎么样的敌对言行。深知珍爱现有的权位、不自以为高贵、一心为民众谋利益时，会让人们产生怎样的信任和支持。所以领导人宜去掉自我炫耀、自以为贵的不良行为，应选择保留自知利弊、珍爱其职的良好习惯。

【终述】

当人们厌恶自己的上司达到一定程度时，令领导人恐惧的大灾大难将会来临。这时人们厌恶你的人品、厌恶你的管理、厌恶你所具有的权力和地位，你如同坐在火山口上，随时都有被焚毁的可能。所以有智慧的领导人，以不让人们厌恶为准则，小心谨慎地开展自己的工作。首先，不炫耀自身的权力和地位、不损害民众的利益。其次，珍爱现有的权力和地位，但不自以为高贵、并能一心为民众谋利益。因此有智慧的领导人能够团结一切可以团结的力量，为实现团队的目标共同奋斗。

第七十三章

论战时天道

【原文】

勇于敢则杀，勇于不敢则活。此两者，或利或害，天之所恶，孰知其故？是以圣人犹难之。

【注释】

勇：勇士，士兵。

天：天道。指最好的道。

犹：谋划。

难：难题。

【译文】

士兵面对死亡敢向前者被杀，不敢向前者存活。这两种情况，无论是有利，还是有害，都是天道所厌恶的事。谁知道其中的原因？所以需要圣人谋划解决这个难题。

【解义】

在战争中士兵面对死亡，敢于向前者被杀、不敢向前者存活。这两种情况，无论是对战争有利，还是对战争不利，都是战争期间最好的道所厌恶的事。谁知道其中的原因是什么？因为人们厌恶战争、厌恶死亡。所以需要有智慧的领导人通过谋划不用战争就能解决问题的方法，来解决这个因战争带来的难题。

【原文】

天之道，不争而善胜，不言而善应，不召而自来，绰然而善谋。天网恢恢，疏而不失。

【注释】

言：说，命令。

召：召集，招募。

绰（chǎn）然：安然，平安。

恢恢：广大。

【译文】

天道是不争而善于取胜，不说而善于回应，不招募自己来了，平安归来而善于谋划。天网虽然广大稀疏，然而什么都不会漏掉。

【解义】

战争期间最好的道是：不经过战争领导人就能赢得胜利；不用领导人下达强制命令，人们就能积极的支持与响应；不用领导人招募，人们就能踊跃报名参战。大战取得胜利之后团队能够平安归来，是领导人善于周密谋划并取得圆满成功的结果。经周密谋划的战争就像天网一样，虽然感觉它的网孔广大而稀疏，然而所有的环节，它都不会漏掉。

【终述】

战争期间最好的道是：（1）不战而胜。团队付出的代价最小。（2）不用下达命令，人们就能为了胜利做出积极的响应。（3）不用招募，人们就能为了胜利踊跃报名参战。(4)周密谋划，让人们能够平安归来。

战争是一个体系的运作。体系的每一部分，都有其成功的规律。领导人在组织战争时，应像"天网恢恢，疏而不失"一样，不能遗漏、忽略任何一个环节；让体系内的每个组成部分，都严格按照成功之道运行。只有如此，最终才能获得圆满成功。否则将会因为局部的纰漏，导致最终大败。

第七十四章

论战时立威

【原文】

民不畏死，奈何以死惧之？若使民常畏死，而为奇者，吾得执而杀之，孰敢？

【注释】

常：长久。长期。

为：治理。惩治。

奇：奇邪。罕见的邪恶。

得：成功。

执：捉拿。

【译文】

人们不害怕死亡，怎么能用死亡来恫吓他们？若要让人们长期害怕死亡，而要惩治罕见的邪恶之人，我要成功将其捉拿而后将其杀掉，看谁还敢邪恶？

【解义】

领导人在处理战争的事务中，人们如果不害怕死亡，怎么能用死亡禁令来恫吓他们、让他们遵守禁令呢？人们不害怕死亡禁令的原因是领导人没有严格按照禁令执行。因此，若让人们长期害怕死亡，就要依靠禁令严惩少数邪恶之人。所以领导人要下令捉拿违反禁令的邪恶之人，待其被俘获之后将其公开处以极刑，看以后谁还敢做邪恶之事。

【原文】

常有司杀者杀，夫代司杀者杀，是谓代大匠斲。夫代大匠斲者，希有不伤其手矣！

【注释】

司：主管。

斲（zhuó）：砍削。

【译文】

通常由主管杀人的人去杀，你若代替主管去杀人，就像代替大工匠砍削木料一样。代替大工匠砍削者，很少有不砍伤自己手指的人啊！

【解义】

在邪恶之人被判处死刑的过程中，通常由相关的执法部门组织判决和执行。领导人若代替主管部门，或用其他非主管部门代替执法部门行使职权，就像代替技艺高超的木工砍削木料一样，由于缺少经验一定会出差错，从而伤害自己啊！

【终述】

领导人在处理战争的事务中，若要实现"有令则行，有禁则止"，就要树立自己的威信。立威的基本方法是对待违法乱纪的邪恶之人，要将其俘获、公开严惩。但要注意，在严惩时不要自己亲自动手，应该交给主管部门处理。防止由于自己缺乏经验，或对相关的法律、法规缺少了解出现差错，从而伤害自己。

第七十五章

论为君成败

【原文】

民之饥，以其上食税之多，是以饥。民之难治，以其上之有为，是以难治。民之轻死，以其求生之厚，是以轻死。夫唯无以生为者，是贤于贵生。

【注释】

食：受。收回。

求：追求。

生：生活。

厚：多，太多。

贤：胜过。

【译文】

民众之所以饥饿，是因为在上统治者收税太多，所以饥饿。民众之所以难治理，是因为在上统治者治理伤害了民众，所以民众难治理。民众之所以轻视死亡，是因为在上统治者追求奢侈生活向民众索取太多，所以民众轻视死亡。唯有不为自己生活的人，才能胜过只为自己生活的人。

【解义】

为什么人们会出现饥饿的现象？因为在上的统治者对民众收取的税太多，使人们没有足够的口粮而产生饥饿。为什么人们不好治理？因为在上的统治者所推行的治理禁令，其最终结果损害了民众的利益，因此民众变得难以治理。为什么民众不怕死亡？因为在上的统治者为满足自己的私欲残酷榨取民脂民膏，使人们陷入了极度的贫困；为了彻底改变现状，人们不怕死亡、铤而走险与统治者激烈抗争。由此可知，在激烈的竞争中一个不谋私利、一心为民众谋求福祉的领导人，最终一定能战胜一个以权谋私、一心为自己谋利益的领导人。

【终述】

社会出现饥饿，是统治者收税过多的结果；社会出现民众难以治理，是治理伤害了民众的结果；社会出现民众造反（轻死），是统治者残酷榨取民脂民膏的结果。领导人执政能够给人们带来福祉，人们就会以极大的热情支持领导人走向成功。领导人执政若是给人们带来贫穷，人们就会以抵制、反抗的方式与领导人抗争，最终导致领导人走向失败。所以在激烈的竞争中，一个不以权谋私、一心为民众谋利益的领导人，最终一定能够战胜以权谋私、一心为自己谋利益的领导人。

第七十六章

论示弱止战

【原文】

人之生也柔弱，其死也坚强。万物草木之生也柔脆，其死也枯槁。故坚强者死之徒，柔弱者生之徒。是以兵强则不胜，木强则兵。强大处下，柔弱处上。

【注释】

柔弱：柔软灵活。

柔脆：柔软脆弱。

徒：类。

强（jiàng）：僵硬。

木强：呆板僵硬。意指愚笨固执。

【译文】

人活着时身体是柔软灵活的，死后是僵硬的。各种草木活着时是柔软脆弱的，死后是枯萎僵硬的。因此僵硬的是死之类、柔软的是生之类。所以用兵僵硬则不胜，愚笨固执则用战争。强横自大处于下等，灵活柔弱处于上等。

【解义】

当人活着的时候，身体各部分处于柔软灵活的状态；人死亡之后，身体的各部分都变成了僵硬的状态。各种花草树木也是一样。当其活着的时候，是处于柔软灵活的状态；当其死亡之后，都变成了枯萎僵硬的状态。由此可知，僵硬的是死亡之类、柔软灵活的是生存之类。由于战场上的情况千变万化，所以采用僵硬死板的方法与对手交战，则是走上了死亡之路，最终定会失败；以柔软灵活的方法与对手交战，则是走上了生存之途，最终定会成功。愚笨固执的领导人，则依靠战争解决问题；而有智慧的领导人，则不依靠战争解决问题。在外交争端中，蛮横自大示强可引发战争，是领导人的下等智慧。灵活谦卑示弱可避免战争，是领导人的上等智慧。

【终述】

在战场上僵硬死板的战法，最终走向失败。灵活多变、以奇取胜的战法，最终走向成功。因此战争中，僵硬死板是通向死亡之路，柔弱灵活是通向生存之途。固执狂妄向对手示强，是挑起战争的人。灵活谦卑向对手示弱，是避免战争的人。挑起战争是领导人的下等智慧，制止战争是领导人的上等智慧。因为挑起战争是在制造灾难，制止战争是在阻止灾难的发生。

第七十七章

论选贤之谋

【原文】

天之道，其犹张弓与？高者抑之，下者举之；有余者损之，不足者补之。天之道，损有余而补不足。人之道则不然，损不足以奉有余。

【注释】

犹：如同。

与：助词。表示疑问。

抑：低。压低。

举：抬高。

【译文】

天之道，不就如同拉弓射箭一样吗？高了就压低它，低了就抬高它，有余时减少它，不足时增加它。天之道减少有余而补不足。人之道则完全不同，而是减少不足以奉献有余。

【解义】

天道的运行就像拉弓射箭一样，如果高了就将其压低一点，如果低了就将其抬高一点，如果力量大了就将其减少一点，如果力量小了就将其增加一点。如长晴将有雨、长雨将有晴。天道的运行就是减少多余，而补充不足。而人道运行恰恰与此相反。人们本来就很贫穷，却要拿出自己也缺少的东西，奉献给那些非常富有、并不缺少的人。

【原文】

孰能有余以奉天下？唯有道者。是以圣人为而不恃，功成而不处，其不欲见贤。

【注释】

为：治理。

【译文】

谁能将有余用于奉献天下？仅仅是有道之人。所以圣人治理而不依仗权势。有功劳而不自居。其若无私欲则见到贤人了。

【解义】

谁能将自己多余的财富，拿出来奉献给天下众人？仅仅是有道的领导人才能做到。所以有智慧的领导人，当治理获得利益时不依仗权势占为己有、能与众人分享。当取得功绩时不利用职权将其收为己有、能够公平分配给众人。领导人若是为人处事没有私心，你就遇到贤人了。

【终述】

社会物欲横流，当人们不择手段地追逐名利已经成为普遍现象时，这样的治理不会给社会带来长久的安定和发展。一个团体、一个国家、一个社会，其政乱的产生，都是领导人的私欲无限膨胀所造成的严重后果。因此忧国忧民的圣贤之人，提倡领导人学习天道"利万物而不求回报"，并且要做到"损有余而补不足"，而不是"损不足以奉有余"。行天道要选择贤人执政。什么样的人是贤人？本章给的答案是：一个领导人不以权谋私、能够做到一心执政为民，他就是你要找的"贤人"。

第七十八章

论柔弱之略

【原文】

天下莫柔弱于水，而攻坚强者莫之能胜，以其无以易之。弱之胜强，柔之胜刚，天下莫不知莫能行。

【注释】

以：因为。因而。王弼本为"其无以易之"，按帛书本校为"以其无以易之"。

易：改变。

行：成功。

【译文】

天下没有比水更柔弱的东西，而击穿坚硬的东西却都无法胜过水。因为它柔弱所以无法改变它。弱可胜强、柔可胜刚，天下无人不知可是没能成功。

【解义】

天下万物最柔弱的东西是水，然而它却能击穿坚硬的东西。例如，滴水穿石。因此在攻坚克强方面任何东西都无法与水相比。因为它柔弱，所以任何东西都无法改变它，即无法战胜它。例如，在对外的事务中，有道弱小的一方，最终将战胜无道强大的一方；又例如，在对内的治理中，对下有道施柔的一方，最终将战胜对下无道施刚的一方。弱可以胜强、柔可以胜刚的结果，天下无人不知、无人不晓；可是由于人们不知其中的奥妙，所以其自身的事业在弱小的情况之下，没能获得成功。

【原文】

是以圣人云：受国之垢，是谓社稷主；受国不祥，是为天下王。正言若反。

【注释】

受：承受。

国：侯国，古代诸侯的封国。

垢：耻辱。

社稷：国家。指侯国。

不祥：不吉利，灾祸。

【译文】

所以圣人说：承受侯国的耻辱，是为侯国之主；承受侯国的灾祸，是为天下的君王。好像与正常说的相反。

【解义】

所以有智慧的领导人曾说：有能力带领国人承受无道强国的凌辱，说明此领导人具有以"有道之柔，战胜无道之刚"的谋略，有能力带领国人最终彻底消除耻辱；有这种能力的领导人，才可称其是一国之君。有能力带领诸侯国承受无道强国制造的灾难，说明此领导人具有以"有道之弱，战胜无道之强"的谋略，有能力带领诸侯国最终彻底消除灾难；有这种能力的领导人，才可称其是天下的君王。这些说法好像与人们正常看到的相反。即人们通常看到的是领导人承受的荣誉和吉祥，而不是承受的耻辱和灾难。

【终述】

领导人要学会采用柔弱的方式处理政事。领导人对内示柔，是为了自身的事业能够顺利进行，这是以关爱赢得人心的谋略。领导人对外示弱，是为了自己将来能够战胜对方，这是以韬光养晦求胜的谋略。同时还应做到：当自己面对耻辱时，应以宽容大度的方式承受。其目的是为了下一步能够带领下属彻底消除耻辱。这是以柔胜刚的谋略。当自己面对外来灾祸时，应以冷静从容的方式承受。其目的是为了下一步能够带领下属彻底消除灾祸。这是以弱胜强的谋略。

第七十九章

论处罚之道

【原文】

和大怨，必有余怨，安可以为善？是以圣人执左契，而不责于人。有德司契，无德司彻。天道无亲，常与善人。

【注释】

和：和解，平息。

执：掌握。

左：降职。左契：降职契约。指处罚规定。

责：责罚。

司：侦察。检察。

彻：剥夺。指处罚。

与：帮助。

【译文】

平息大恨，必有余恨。怎么可以认为是做善事呢？所以圣人掌握处罚规定，而不责罚于人。有德者检查处罚规定，无德者检查剥夺。天道无亲疏，常常帮助善良的人。

【解义】

因为犯错被严厉处罚的下属，会对领导人产生较大的怨恨。领导人为了平息怨恨，对下属采取了一些补偿措施；但是不能完全消除怨恨，必然会有余恨。此时，领导人怎么可以认为自己在为下属做善事，以期待完全消除下属对自己的怨恨呢？所以有智慧的领导人，虽然掌握着处

罚大权，但不随意处罚下属。有德的领导人对照处罚规定检查处罚是否
有出入，唯恐出现差错。无德的领导人检查处罚是否不够，唯恐处罚轻
了没有达到恫吓下属的效果。最好的处罚之道是：处罚公正、无亲疏。
这一方法通常帮助心地善良的领导人获得成功。

【终述】

领导人根据有关规定，对下属犯错之人进行处罚，这是领导人的一
项日常工作。为了避免在处罚之后下属产生较大的怨恨，要注意以下几
点：（1）在处罚前要做好思想工作，防止下属产生抵触或怨恨。（2）
要认真审核处罚是否正确无误。（3）处罚应无亲疏差别。（4）要以善
良仁爱之心对待犯错之人。

第八十章

论小国生存

【原文】

小国寡民，使有什伯之器而不用，使民重死而不远徙。虽有舟舆，无所乘之；虽有甲兵，无所陈之。使人复结绳而用之。

【注释】

使：假使，假如。

什伯：十人或百人。

徙（xǐ）：移，迁。远徙：指远征。

舟舆：战船战车。

甲兵：盔甲兵器。

结绳：约誓。指和平誓约。

【译文】

小国民众较少，假如有十人、百人用的兵器你也不能使用。假如民众重视死亡你就不要远征。即使有战船战车，却无人乘坐；即使有盔甲兵器，却无人列阵。让人们回归约誓并能运用约誓。

【解义】

小国由于人员较少，其生存的策略如下：即使你有十人使用的或是百人使用的大型兵器，在双方交战时由于人员不足，你根本无法正常使用它。因此小国不必具有大型武器装备。假如人们珍惜生命、惧怕死亡，你就不要带领他们长途征战；因为在这种情况下，人们将会纷纷逃避战争。小国由于人员不足，即使有众多战船、战车，却无人乘坐；即使有大量的盔甲兵器，却无人穿戴上阵使用。因此小国不必配备大量军事装备。领导人若要避免与邻国发生战争，就要让人们都能遵守国家之间签订的和平誓约，并能运用誓约解决争端。

【原文】

甘其食，美其服，安其居，乐其俗。邻国相望，鸡犬之声相闻，民至老死不相往来。

【注释】

甘：美味。

美：美丽，漂亮。

安：安定。

乐：喜欢。

【译文】

吃上美味的食物，穿上漂亮的服装，住上安定的居所，喜欢自己的习俗。两国可相互看见，鸡鸣狗叫可相互听见，人们直到老死不相往来。

【解义】

小国之君应该让自己的百姓吃上让人羡慕的美味食物，穿上让人羡慕的漂亮服装，住上让人羡慕的安全且又舒适的房子，喜欢本国的习俗并以此为荣。这是小国防止人们因外迁而消弱国力的有效措施。虽然两国的居民可以相互看见，两国的鸡鸣狗叫可以相互听见，但是两国之间你来我往的争斗，直到老死都不会出现。这些是小国的生存策略。

【终述】

小国的生存策略：（1）不制造大型兵器和大量的军事装备。（2）不主动挑起战争。（3）因国力有限，不远征。（4）让民众都能过上好日子，防止国民外迁削弱国力。（5）与邻国签订和平誓约。（6）严格遵守和平誓约，并能运用誓约解决争端。

第八十一章

论外交方略

【原文】

信言不美，美言不信。善者不辩，辩者不善。知者不博，博者不知。圣人不积，既以为人己愈有，既以与人己愈多。天之道，利而不害。圣人之道，为而不争。

【注释】

信：诚实，正直。

美：美好。好。

善者：善人，有德之人。指善良之人。

知（zhì）：智慧。

博：多。

积：多。

既：完了，最终。

以：因为。

为（wèi）：帮助。

【译文】

正直的话不好听，好听的话不正直。善良的人不狡辩，狡辩的人不善良。智慧的人不多言，多言的人没智慧。圣人不为自己多，最终因为他为人自己愈有，最终因为他给予人自己愈多。天之道是利万物而不害万物。圣人之道是帮助人而不与人争。

【解义】

在外事活动中要注意对手的特点：正直的人说话不好听，说话好听的人不正直。善良的人不狡诈诡辩，狡诈诡辩的人不善良。有智慧的人不多言，多言的人没智慧。所以有智慧的领导人，不为自己获得更多与他人相争，而是不计得失帮助他人；由于他帮助别人，最终自己变得愈来愈富有；由于他给予别人，最终自己得到的愈来愈多。上天之道是利万物，而不是为了自己而加害万物。所以有智慧的领导人，其奉行的成功之道是帮助他人获得成功，而不与其争夺名利。

【终述】

在对外交往时应注意：（1）正直的人说话不好听。（2）善良的人不狡诈诡辩。（3）有智慧的人不多言。（4）不损害他人利益。（5）帮助别人自己愈有、给予别人自己愈多。（6）不与他人争名利。

在外事活动中，若能注意上述几点，就不会因外交失误给自己造成损失。假如对外交往能够获得成功，则给自己一方营造了一个良好的生存环境，同时又为自身的发展奠定了基础。

主要参考文献

［1］王弼．老子道德经注［M］．楼宇烈，校释．北京：中华书局，2011.

［2］老子．帛书道德经［M］．李克，注．北京：北京联合出版公司，2022.

［3］老子．老子［M］．河上公，注．王弼，注．严遵，指归．上海：上海古籍出版社，2013.

［4］王弼．周易注疏［M］．北京：中央编译出版社，2013.

［5］李新．易经解义［M］．北京：九州出版社，2023.

后　记

纵观《老子》全书，所有的内容都与对当时王侯的忠告有关，都是围绕下述内容展开的：（1）对领导人成功之道的忠告。（2）对治国理政的忠告。（3）对事业成败的忠告。（4）对战争的忠告。（5）对外交的忠告。上述忠告内容所涉及的成败，均可在春秋时期的历史事件中找到相关的佐证。因此也可以将《老子》一书，看作是老子对春秋时期王侯们成败的总结。根据这一思路，对《老子》八十一章中每章的相关内容进行了梳理，并且重新做了分类介绍，以此说明老子著书的目的，以及了解老子所讲述的内容。

一、成功之道的忠告（共12章）

第一章：（1）没有恒久不变的成功之道。（非常道）（2）领导人发起的所有事业，都有两个组成部分，一个是看不见的事物运动规律（观其妙），另一个是看得见的事物运动过程和结果（观其徼），两者同出一个事物，而名字不同。（两者同出，异名）

第四章：（1）道的特征：看不见、摸不着，用之不尽。（道冲，而用之或不盈）（2）道的用途：去掉锐气、消除纷争、和顺光大、凝聚民众。（挫其锐、解其纷、和其光、同其尘）（3）道出现的时间：好像在帝王出现之前就已经存在了。（象帝之先）

第六章：（1）由于领导人的存在，成功之道就不会消亡。（谷神不

死)(2) 道用连绵不断，并且用之不竭。(绵绵若存，用之不勤)

第十四章：运用古人的方法，解决当前的问题时，能懂得古人成败的始末，可称其为已经掌握成功之道的核心内容了。(执古之道，以御今之有。能知古始，是谓道纪)

第二十一章：以道为基础，则能成功预知各类事物的未来变化过程与结果。(吾何以知众甫之状哉？以此)

第二十五章：道的运动规律是大、逝、远、反。(大曰逝，逝曰远，远曰反)

第三十四章：道的品德是万物依靠而不推辞，成功不称自己有功，养育万物而不为其主。始终不自以为大。(生而不辞、功成不名有，衣养万物而不为其主。终不自为大)

第三十五章：坚守大道之人，天下将归附，归附而不受伤害，可实现安全、太平、富裕。并且其道用之不竭。(执大象，天下往。往而不害，安平太。用之不足既)

第三十七章：王侯若能坚守成功之道，其事业自己将会向成功方面转化。(侯王若能守之，万物将自化)

第四十章：事物走向反面是道的运动结果，以柔弱战胜刚强是道的运用成果。(反者道之动，弱者道之用)

第四十一章：道的特点是：善于资助万物成长，而不向万物索取；善于帮助万物成功，而不求万物回报。(夫唯道，善贷且成)

第七十章：老子讲的成功之道很容易理解，依道而行也很容易获得成功。但是天下大多数领导人却没能理解其重要性，因此没能依道而行，其自身的事业也就没能获得成功。(吾言甚易知，甚易行。天下莫能知，莫能行)

二、治国理政的忠告（共35章）

第二章：(1) 治理要做无为之事。即让有心机做坏事的人，不敢有所作为。(2) 行不言之教。即以正言正行影响自己的下属，让下属

的言行不脱离正道。（圣人处无为之事，行不言之教）

第三章：治理要使人们无非分之想。让人们吃饱饭，减少私欲，身体强壮，常处于不知争、没有欲望的状态。（圣人之治，虚其心、实其腹、弱其志、强其骨，常使民无知无欲）

第五章：限制人们的治理政令越多、问题越多，治理将陷入困境，不如领导人坚守正道。（多言数穷，不如守中）

第十章：以爱民为基础的治国理政，能否做到不用智谋吗？（爱民治国，能无知乎）

第十三章：以害怕自身受到伤害的方式治理天下之人，你可以将天下寄托给他。以珍爱自身名誉的方式治理天下之人，你可以将天下托付给他。（贵以身为天下，若可寄天下。爱以身为天下，若可托天下）

第十六章：领导人行天道为天下人谋利益，是人间的正道。行正道事业可以长久，在没有你的情况下，人们也不会懈怠。（天乃道，道乃久，没身不殆）

第十七章：领导人如果待下诚信不足，才会出现下属对上司不信任的情况。（信不足，焉有不信焉）

第十九章：最高明的领导人在治国理政时，倘若放弃用智谋与民众争利，则会利民百倍；最有仁爱之心的领导人，倘若放弃自私的偏爱，民众则会复归慈孝；最擅长治理的领导人，倘若放弃自身利益，民众则会因衣食足而不去偷盗。（绝圣弃智，民利百倍。绝仁弃义，民复慈孝。绝巧弃利，盗贼无有）

第二十三章：领导人针对下属的过错发怒时，不宜长久斥责下属。因为下属是与失败同行之人，所以失败是必然结果，不足为怪。（同与失者，失亦乐得之）

第二十四章：领导人在治国理政时，应不"自见，自是，自伐，自矜"，否则将会遭到人们的厌恶。因此有道的领导人不以此立身处事。（物或恶之，故有道者不处）

第二十七章：身为人君不重视善于用人的领导人、不爱惜不善于用

人的下属，即使有智慧，也会产生大的迷乱。（不贵其师，不爱其资，虽智大迷）

第二十九章：领导人在治国理政时，应自我消除过分的管理、自我消除个人的奢侈生活、自我消除骄横放纵。（是以圣人去甚，去奢，去泰）

第三十八章：其礼仪是忠信不足的产物，忠信不足是政乱之首。因此有坚定信念的领导人在治国理政时施行忠信之厚，不施行忠信之薄。（夫礼者，忠信之薄而乱之首。是以大丈夫处其厚，不居其薄）

第四十三章：领导人不用严厉的语言教化下属，不用强硬的手段管理下属，就能达到预期的治理目标，天下很少有人能做到这一点。（不言之教，无为之益，天下希及之）

第四十八章：如果下属经常给自己的上司找事（制造麻烦），说明领导人没有得到下属的真心支持和拥护，也就不可能成功率领众人夺取天下。（及其有事，不足以取天下）

第五十二章：领导人大讲对治国理政无益之言、大行对治国理政无益之事，其结果是最终自身不可救药。（开其兑，济其事，终身不救）

第五十三章：领导人为了满足自身的奢靡而残酷榨取民脂民膏；身穿华美的服装、佩戴锋利的宝剑、吃厌了山珍海味、财货用不完。这是抢劫、掠夺者的奢侈。（服文采，带利剑，厌饮食，财货有余，是谓盗夸）

第五十四章：善于建立富民功业、善于守护富民功业的领导人，无论是以此修身、修家、修乡、修国、修天下，都将取得令人注目的成绩，这也是判断领导人是否走正道的依据。（吾何以知天下然哉？以此）

第五十五章：领导人若是执政有道，团队内部将会和谐、顺从；团队成员的利益增长，是领导人的吉祥；团队内部战胜一切困难的勇气和决心，是团队自身的强大。（益生曰祥，心使气曰强）

第五十六章：领导人闭住自己的嘴，管好自己的脚，锉掉自身的锐气，消除内部纷争，实现和谐发展，上下同心协力，这是奥妙神奇的一致。（塞其兑，闭其门，挫其锐，解其纷，和其光，同其尘，是谓玄同）

第五十七章：领导人的治理让做坏事的人不敢有所作为时，民众自己将会改变。领导人不千方百计与民众争利时，民风将自正。领导人不做损害民众利益的事时，民众将自富。领导人治理无私欲时，民众自己会变的纯朴。（圣人云：我无为而民自化，我好静而民自正，我无事而民自富，我无欲而民自朴）

第五十八章：领导人在治国理政时，宜正直而不随意指责人、有棱角而不随意训斥人、直言而随便伤害人、有美名而不自我炫耀。（是以圣人方而不割，廉而不刿，直而不肆，光而不耀）

第五十九章：领导人治国理政、服务天下时，没有比爱惜人才更为重要的事了。（治人、事天，莫若啬）

第六十章：治理之道不伤害民众、领导人也不伤害民众，两者不相辅伤人说明两者都回归于德了。（非其神不伤人，圣人亦不伤人。夫两不相伤，故德交归焉）

第六十三章：在治理天下时，人们心中的大怨恨生于小怨恨，多怨恨生于少怨恨。若要消除人们的怨恨，领导人要用德。（大小多少，抱怨以德）

第六十四章：领导人的欲望应是让人们没有私欲、让人们不高价收购难得之货、让人们学习未学过的知识，消除众人的言行过错。以此帮助下属自然成长，让人们不敢妄为。（是以圣人欲不欲，不贵难得之货。学不学，复众人之所过。以辅万物之自然，而不敢为）

第六十五章：用计谋治国的领导人，使人们变得狡猾奸诈，是国家走向灾难的祸首。不以计谋治国的领导人，使人们变得纯朴诚实，是国家走向祥和安宁的福星。（故以智治国，国之贼。不以智治国，国之福）

第六十六章：领导人若要在上面指挥人们实现自己的目标，则要以谦恭居下的语言与人们沟通；若要在前面带领人们实现自己的目标，则要不争名利并且居名利之后。所以处上民不觉得负担沉重，处前民不觉得受到伤害。（是以欲上民，必以言下之；欲先民，必以身后之。是以圣人处上而民不重，处前而民不害）

第七十一章：领导人在治国理政时，没有对成功之道无知的毛病，

是因为他把无知当作毛病加以改正，所以就没有这类毛病。（圣人不病，以其病病。夫唯病病，是以无病）

第七十二章：当民众不惧怕领导人的权威时，领导人执政的大凶险将要来临了。如同水能载舟亦能覆舟一样。（民不畏畏，则大畏将至）

第七十五章：人们的饥饿、人们难以治理、人们不惧怕死亡，都是领导人执政未走正道的结果。所以不为自己生存的领导人，在事业上一定胜过一心为自己生存的领导人。（夫唯无以生为者，是贤于贵生）

第七十七章：天道运行的特点是损有余，而补不足。而人道则与其相反，损不足以奉有余。谁能将有余以奉献给天下众人，只有坚守成功之道的领导人才能做到。（孰能有余以奉天下？唯有道者）

第七十八章：能承受国家屈辱之人，才能成为国家的主人。能承受国家灾祸之人，才能成为天下的君王。（受国之垢，是谓社稷主；受国不详，是为天下王）

第七十九章：处罚下属时，有德的领导人对照处罚规定，检查处罚是否有误。无德的领导人对照处罚规定，检查处罚是否不够。最好的处罚之道是一视同仁，无亲疏，同时它又可以帮助心地善良的领导人获得成功。（有德司契，无德司彻。天道无亲，常与善人）

第八十章：小国的生存策略是让人们吃得好，穿得好，居住舒适，喜欢自己的习俗。虽然两国可以相互观望，鸡鸣狗叫之声可以相互听到，但是人们直到老死都不出现你来我往的相互争斗。（甘其食，美其服，安其居，乐其俗。邻国相望，鸡犬之声相闻，民至老死不相往来）

三、事业成败的忠告（共16章）

第七章：领导人由于先人后己，反而走在了前面。抛弃了自身的利益，反而保全了自身的事业。这不正是以无私成就自身的事业吗？（圣人后其身而身先，外其身而身存。非以其无私邪？故能成其私）

第八章：领导人只有不与他人争名夺利，才不会有导致自身事业走向失败的过错。（夫唯不争，故无尤）

第九章：领导人富贵之后，若是骄横放纵，则会招致灾祸。所以事业成功之后，谦虚谨慎、退居人后，是在行对自己最有利的道。（富贵而骄，自谴其咎。功遂身退，天之道）

第十一章："有"是人们获得成功的结果，"无"是人们获得成功的条件。若让下属完成任务，就要为下属提供必要的条件。（有之以为利，无以为用）

第十二章：领导人应全力追求自身事业的发展，而不是全身心追求个人享受。这是采用舍去个人享受的方法，以换取事业上的长期发展与长久成功。（圣人为腹，不为目，故去彼取此）

第十五章：混乱中求清正，享乐中求勤奋，不满足现状之人，可在事业上获得更大、更新的成功。（夫为不盈，故能蔽不新成）

第十八章：当领导人昏庸无道、使国家变得混乱不堪时，帮助领导人匡扶正道的忠臣也就出现了。（国家混乱，有忠臣）

第二十章：为臣在功成名就之后不追求享乐，不争名利，继续勤奋工作永不懈怠；注重以此培养自己的根本，即与众不同的久成之德。（我独异与人，而贵食母）

第二十二章：领导人不自我表现、不自以为是、不自我夸耀，不骄傲自大，则能长久获得成功。（不自见、不自是、不自伐、不自矜、故长）

第二十八章：身为人臣配合在上之君若能做到知刚守柔、知白守黑、知荣守辱时，可被任命为统帅。若能如此，服务于大国的管理者自己才不会受到伤害。（圣人用之，则为官长，故大制不割）

第三十三章：领导人倘若不失知人、自知、胜人、自胜、知足、强行的品质。事业将获得长久成功。（知人者智，自知者明。胜人者有力，自胜者强。知足者富，强行者有志，不失其所者久）

第三十九章：领导人在显赫高贵的时候，如果不行正道，将恐灭亡。（侯王无以贵高将恐蹶）

第四十二章：以强硬蛮横的方法领导下属，最终因其言行不得当，事业将会走向灭亡。（强梁者不得其死）

第四十四章：领导人如果过分追逐个人名利，最终将因名利过多而自我毁灭。因此知足者不会受辱、知止者不会有错，可获得长久成功。（多藏必厚亡。故知足不辱，知止不殆，可以长久）

第四十五章：在事业有大成和大发展时，领导人若能冷静反思自身存在的不足，并能认真改正，为以后的成功奠定基础。领导人能够冷静地面对成功，其目的是走天下的正道。（大成若缺，大盈若冲，清静为天下正）

第五十一章：当事业成功产生利益时，领导人不独自占有；当下属碰到困难时，领导人能及时出手相助，不强迫其服从命令；当下属利益增长时，领导人不出台新政对其随意宰割。这些称其为深奥奇妙之德。（生而不有，为而不恃，长而不宰，是谓玄德）

四、战争的忠告（共14章）

第二十六章：在战争中领导人轻敌，将失去克敌制胜的根本，烦躁将失去正确的主张。（轻则失本，躁则失君）

第三十章：当征伐取得胜利之后，若要顺利退出战事，领导人对失败的一方不宜自大、自夸、骄纵、强横，因为这些不符合停战之道。不合道，停战之事将会过早消亡。（是谓不道，不道早亡）

第三十一章：经战场厮杀获得的胜利，是人们用鲜血和生命换来的。胜利之后由于死伤众多，所以领导人应以悲哀、泣诉的方法，祭奠死去的人们。（杀人之众，以哀悲泣之。战胜，以丧礼处之）

第三十二章：战时当领导人的命令符合道时，下属就如同山谷中的流水，主动流向江海一样。（譬道之在天下，犹川谷之于江海）

第四十六章：战争发起的原因通常有两种：一是战争发起人不满足现有的状态，二是战争发起人的欲望尚未实现。（祸莫大于不知足，咎莫大于欲得）

第四十七章：战争期间及时、准确的情报，是领导人取得战争胜利的关键。所以领导人在战前就应该做到不用自己出行、不用自己查看、

不用自己收集，就可成功地获得所需要的情报。（不行而知，不见而名，不为而成）

第四十九章：战争时领导人应无私心，应以百姓的心为自己的心。即关心士兵们的生死，就像关心自己的亲人一样。对待士兵的关爱，就像对待婴儿一样。（圣人常无心，以百姓心为心。圣人皆孩之）

第五十章：战前领导人要慎重决策，防止出现无谓的伤亡。最为重要的是应避免团队进入死亡之地，不给对手以成功的机会。（夫何故？以其无死地）

第六十七章：领导人若能坚守：一慈爱，二谦逊，三不敢为争名夺利走在前面的带兵三宝，则能达到战则必胜，守则必固。（以战则胜，以守则固）

第六十八章：善为将帅之人，不以武力取胜。善于打仗之人，不因怒而兴兵。善以谋略取胜之人，不以厮杀争斗取胜。善于用人之人，以谦逊待人。（善为士者，不武；善战者，不怒；善胜敌者，不与；善用人者，为之下）

第六十九章：战争之祸莫大于轻敌，轻敌几乎丧失我的带兵"三宝"。在两军交战实力相当的情况下，对待自己的部下慈爱的一方，将获得最终的胜利。（祸莫大于轻敌，轻敌几丧吾宝。故抗兵相若，哀者胜矣）

第七十三章：战争期间最好的道是不经过战争就能赢得胜利；不用下达命令人们就能积极响应；不用招募人们就能踊跃报名参战；善于谋划能让人们平安归来。（天之道，不争而善胜，不言而善应，不召而自来，繟然而善谋）

第七十四章：在处理战争的事务中，如果人们不害怕死亡，怎能以死亡来恫吓他？若让人们长期害怕死亡，则要将邪恶之人捉拿并杀掉，看以后谁还敢邪恶？（民不畏死，奈何以死惧之？若使民常畏死，而为奇者，吾得执而杀之，孰敢）

第七十六章：战争中用兵死板僵硬则不胜。愚笨固执则用战争解决问题。蛮横自大示强可引发战争，是下等智慧。灵活谦卑示弱可避免战争，是上等智慧。（是以兵强则不胜，木强则兵。强大处下，柔弱处上）

五、外交的忠告（共4章）

第三十六章：在对外交往中，若要收敛他，必先让他扩张。若要削弱他，必先让他巩固。若要废除他，必先让他兴盛。若要夺取他，必先给予他。这些叫作隐蔽的贤明。（将欲歙之，必固张之；将欲弱之，必固强之；将欲废之，必固兴之；将欲取之，必固与之。是谓微明）

第六十一章：在外交活动中，大国以居下对待小国，则能将小国团结在自己的周围。小国以居下对待大国，可获得大国的信任和支持。（大国以下小国，则取小国。小国以下大国，则取大国）

第六十二章：在外交活动中，美好的语言可获得人们的尊重，尊重他人的行为可增加人们的尊重。外交居下、不争，不就是为了有求必得，并可有效避免由于言行不慎给自己带来灾祸吗？（美言可以市，尊行可以加人。不曰求以得，有罪以免邪）

第八十一章：在外交活动中要注意对手的特点，正直的话不好听，好听的话不正直。善良的人不狡辩，狡辩的人不善良。智慧的人不多言，多言的人没智慧。外交的策略是不为自己争利益。帮助他人自己愈有，给予他人自己愈多。（信言不美，美言不信。善者不辩，辩者不善。知者不博，博者不知。圣人不积，既以为人己愈有，既以与人己愈多）

综上所述，《老子》八十一章，都是紧紧围绕领导人如何才能取得事业成功以及如何避免失败的主题展开论述的，均是对当时王侯们执政的忠告，其所涉及的内容对当今社会的领导人仍然具有相应的指导意义。因此读《老子》可使领导人变得更聪慧、更睿智。另外原来的《老子》并不分章，继河上公、王弼将其分为八十一章之后，人们从之。倘若能按上述顺序分类、排章，则能更容易了解《老子》一书所讲述的内容。由于重新分类、排序会给读者带来阅读不便，因此本书原文顺从了传统的排序，并未做任何改变。